沈黙の子どもたち

軍はなぜ市民を大量殺害したか

山崎雅弘
Masahiro Yamazaki
著

晶文社

装丁
岩瀬聡
カバー写真
山崎雅弘

はじめに――合理性と不条理の融合が生んだ市民の大量死

二〇世紀のほぼ中頃に起きた第二次世界大戦は、軍人以外の被災者が軍人の死者よりも少なかった近代以前の戦争とは異なり、軍人よりも多くの市民が直接的・間接的に標的となって命を失ったという面で、新時代の幕開けとも言える現代型の戦争であった。

この戦争の死者数については、いくつかの概算が提示されているが、軍人と市民の割合は、前者が三割（二一〇〇万人から二六〇〇万人）に対し、後者が七割（四八〇〇万人から五九〇〇万人）であったと見られている。市民の死者の数字には、ナチス・ドイツによるユダヤ人の大量虐殺、いわゆる「ホロコースト」の犠牲者も含まれる。

本書では、時期的にも構造的にも第二次世界大戦に繋がる序章として、一九三六年に始まったスペイン内戦と一九三七年に始まった日中戦争も含めた捉え方をしているが、この巨大な戦争のあと、新たな戦争のたびに市民の大量死が引き起こされることが常態化し、戦争と市民の犠牲が実質的に同義語として語られることも少なくない。

しかし、大勢の市民に死をもたらした個別の事例に目を向けると、戦争という巨大な嵐が吹き荒れる中で、市民の命を冷酷に奪い取った原因や構造はさまざまだった。

ある場所では、空から降り注ぐ大量の爆弾に逃げまどう中、衝撃波や爆弾の破片で肉体を切り裂かれたり、焼夷弾によって発生した火災の炎で焼かれたり、崩落した建物の下敷きとなって、大勢の市民が死亡した。

ある場所では、自国に攻め込んだ敵軍の兵士から、私服の戦闘員（ゲリラ）やスパイの疑いをかけられて、または何者かが行った占領軍の要人暗殺の報復や見せしめとして、大勢の市民が無抵抗のまま処刑された。

ある場所では、戦争指導部が固執する特定の人種差別思想が原因で、戦争遂行とは直接関わりのない形で、隠された国策として、大勢の市民が機械的に殺害された。

ある場所では、外敵との戦いに巻き込まれた大勢の市民が、軍事機密の漏洩防止やスパイ疑惑などの理由で、守ってくれるはずの味方の軍人に殺害されたり、軍人の死生観に基づく形で家族が殺し合いを強いられる、凄惨な光景があちこちで出現した。

そして、無慈悲に殺された市民の中には、たくさんの子どもたちが含まれていた。


本当なら、小さな手にお気に入りの人形やおもちゃを握りしめ、家族や周囲の人たちに愛されながら、はしゃぎ、走り回り、見守る大人を和ませる笑顔を輝かせて遊びに熱中しているはずの子どもたちが、灰色の空の下で不安におびえ、恐怖に震え、あまりに短すぎる人生に突然終止符を打たれてしまう。小さい体が地面に倒れ、二度と動かなくなる。

ピカソの名画「ゲルニカ」に生々しく描かれた、子どもの遺体を抱いて泣き叫ぶ母親のように、もしその場に居合わせたなら誰でも涙を流して「なぜこの子が！」と慟哭せずにいられない、心を裂かれるような悲劇が、戦争や紛争のたびに、各地で繰り返される。

いまこの瞬間にも、シリアなどの紛争地では、大勢の子どもたちが死の危機に直面し、一日が終わるごとに新たな犠牲者の遺体が収容され、新たな家族の涙が流されている。

こうした悲劇の繰り返しにピリオドを打つことは、可能なのか。人類が幾多の疫病を根絶してきたように、戦争や紛争による市民の犠牲者をなくすことはできるのか。

その問いに答えるには、ひとつひとつの事例ごとにその原因と構造を読み解いた上で、全ての事例に共通する力学や動機を浮かび上がらせる必要がある。だが、個別の事例ごとに、市民の大量殺害を引き起こした軍（またはそれに準じる組織）の行動原理を読み解いてみれば、その根絶は容易ではないことを思い知らされる。

なぜなら、戦時における軍の市民殺害には、肉食獣が人間を襲うような本能的行動とは異質な、当該の軍組織の構成員の間で共有された「合理性」が存在したからである。

一般に「合理的」という言葉は「良い意味」で使われる。ビジネスでの成功など、特定の目的を達成するための「無駄のない動き」や「理にかなった最善の方策」を指して、合理的な行動だと評される。だが、企業が数値的な生産効率の低い部署を廃止・統合して、人員削減を行い、収益性を上げようとする行動も「合理化」と評されることがある。

人員削減、いわゆるリストラの対象となって解雇された側の人間から見れば、一方的な経営側の通告で仕事を失うのは全然「合理的」ではない。しかし視点を経営側に移してみれば、当座の数字を基準に「生産効率が低い」と評価した部署の人間を解雇することは、企業を人体に喩えるなら「贅肉」を削ぎ落とすダイエット、つまり「良いこと」になる。

企業収益の向上や、企業間の競争での優位という側面だけを考えるなら、解雇された人間やその家族の生活など、経営者が考慮する必要はない。「合理化」という言葉や概念は、誰にとっても中立的な「良いこと」でなく、特定の立場にいる者には不条理な形で犠牲を強いる場合があるという、関係における二面性に留意する必要がある。

これと同様に、戦時における軍隊は交戦中の敵国に「勝つこと」だけを自国の政府およびそれを支持する国民から求められている。その価値判断基準、つまり「合理性」だけで考えるなら、敵国に勝つために行う軍事行動によって敵国の市民が大勢死のうと、そこに多くの子どもが含まれていようと、一人一人の軍人が考慮する必要はない。

つまり、戦争中に市民の大量殺害が各地で繰り返されたのは、戦争を遂行する軍またはそれに準じる組織が「目的を達成する上で必要」だと考える行動がそこに存在したためであり、市民の大量殺害も軍の視点から見た「合理性」の枠内に存在していたのである。

本書は、第二次世界大戦とその直前の時期にヨーロッパとアジアで、戦争に伴う形で発生した「軍またはそれに準じる組織（ナチス親衛隊）による市民の大量殺害」の事例に光を当て、なぜその場所で大勢の市民が死ななくてはならなかったのか、その原因と構造を読み解こうとする試みである。

各章では、概要を説明するリード文に続く本文を三つのパートに分け、最初のパートでは【市民殺害の情景】と題して、軍人による市民の殺害が具体的にどのようにして行われたのかを読者がイメージしやすいよう、各種の資料に基づいて「事件の現場」を写実的に描写した。そして、次のパートでは、軍人による市民の殺害が行われるに至った歴史的背景と経緯を解説し、さらに最後のパートでは、それが内外にどんな波及効果をもたらしたのか、戦争中の他の出来事にどんな影響を及ぼしたのかという問題にも、論考の範囲を広げた。

構成上、ドイツが主体の事例三章（ゲルニカ、アウシュヴィッツ、リディツェ）と日本が主体の事例三章（上海・南京、シンガポール、沖縄）、そしてアメリカが主体の事例一章（広島・長崎）となっているが、各章ではタイトルにある事件の後に発生した同種の事例についても簡潔に言及する。

例えば、市民への無差別爆撃を扱う第一章では、スペイン内戦期（一九三七年）のドイツ空軍によるゲルニカ爆撃をメインで解説したのち、同種の構造を持つ日本軍の重慶爆撃や英米連合軍のドレスデン爆撃、東京大空襲などの事例についても触れる。

そして本書の最終章では、ヨーロッパとアジアでの事実上の「第二次大戦の発起国」であったドイツと日本が、戦後の再軍備（日本の場合は自衛隊創設）に際して、これらの反省に基づく法整備を行ったか否かについても光を当てている。

ドイツの場合、軍人法の中に「非人道的な命令を軍人が拒絶しても罪に問わない」とする「抗命権」を認めているが、自衛隊法には、同種の法的担保がない。第二次世界大戦の悲劇を繰り返さないという覚悟の点で、ドイツと日本では大きな違いが存在する。

個人としての軍人が市民を殺害すること、それ自体には本来「理」がない。アジアでもヨーロッパでも、そうした「理を欠いた殺人」は第二次世界大戦の最中に数多く存在したが、本書ではそのような「残忍な個人の犯罪」は取り扱わない。

本書で扱うのは、軍（またはそれに準じる組織）の内在的論理に基づき、上官の正式な命令に従う形で下級兵士が実行した、組織的な市民の大量殺害の事例であり、それぞれの事例にどんな「理」が存在したのかを、さまざまな方向から光を当てて探求する。

日本の軍（またはそれに準じる組織）が将来、戦争や紛争の当事国として、第二次世界大戦時に旧日本軍が行ったのと同じ行動を繰り返さないために、日本の市民は当時の事例から何を学ぶ必要があるのか。

手頃な「悪者」を特定して糾弾するのではなく、特定の問題行動を引き起こした「合理性」や、その根底にある価値判断の優先順位、つまり「何を価値あるものと見なし、何をそれよりも下に置くのか」という思考の土台部分まで掘り進まなければ、我々が過去から学ぶべき本当の根源には、おそらくたどり着けない。

一人一人の市民が、この難しい問題を考える材料として、本書の内容を参考にしていただければ幸いである。

目次

沈黙の子どもたち

第一章

ゲルニカ

スペイン——市街地へのじゅうたん爆撃による市民の大量死

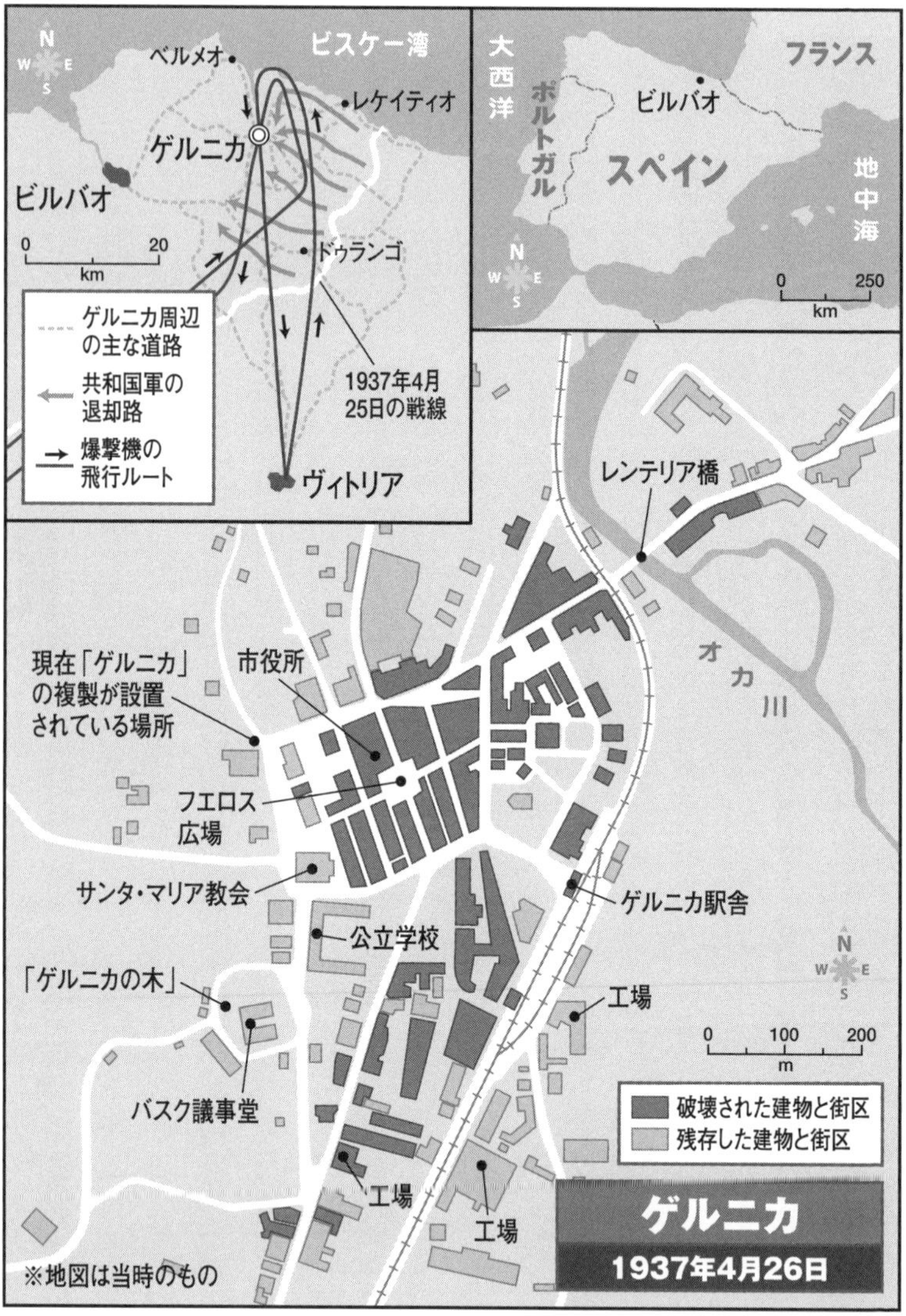
ビスケー湾
ベルメオ
レケイティオ
ゲルニカ
ビルバオ
0
20
km
ドゥランゴ
ゲルニカ周辺の主な道路
共和国軍の退却路
爆撃機の飛行ルート
1937年4月25日の戦線
ヴィトリア
大西洋
ポルトガル
フランス
ビルバオ
スペイン
地中海
0
250
km
レンテリア橋
オカ川
市役所
現在「ゲルニカ」の複製が設置されている場所
フエロス広場
サンタ・マリア教会
ゲルニカ駅舎
公立学校
「ゲルニカの木」
工場
バスク議事堂
0
100
200
m
破壊された建物と街区
残存した建物と街区
工場
工場
ゲルニカ
1937年4月26日
※地図は当時のもの

◉——ピカソの名画に描かれたスペイン北部の小さな町

戦争の悲劇を描いた名画として、世界一有名な芸術作品は、おそらくパブロ・ピカソの「ゲルニカ」だろう。

縦三メートル四九センチ、横七メートル七七センチという巨大な作品は、現在ピカソの母国スペインの首都マドリードにあるソフィア王妃芸術センターに展示されているが、制作は当時ピカソが居住したフランスのパリで行われ、一九三七年のパリ万国博覧会で初公開された。

スペイン北部の町ゲルニカが、スペイン内戦に軍事介入していたドイツ空軍の無差別爆撃によって破壊され、市民に大勢の死傷者が出た事実を知ったピカソは、この非人道的な暴挙に激しく怒り、計四五点の習作で各部の描写や全体のバランスなどを確認しながら、この大作をわずか一か月ほどで完成させた。

狭い展示室では全体を見渡せないほどに大きく、重いモノトーンで描かれた傑作「ゲルニカ」は、巨大な暴力で叩きつぶされる市民と動物をエネルギー溢れる筆致で生々しく描写しており、特に子どもを失って半狂乱になる母親の姿は、見る者を圧倒し沈黙させる。空から降り注ぐ爆弾の雨に、人々はなすすべもなく恐怖の闇に叩き込まれ、一秒でも早く爆風と炎の嵐が止んでくれることを、神に祈るしかなかった。

だが、ピカソの傑作を通じてゲルニカの地名を知る人でも、その正確な場所を説明できる人は少ないかもしれない。スペイン内戦という出来事も、現在の日本ではポピュラーとは言えず、ドイツ空軍が何のためにこのような爆撃を行ったかという理由についても、近年の研究で確認された事実が日本でよく知られているとは言いがたい。

地元バスクの言葉で「ゲルニカ・ルモ」という正式名称を持つゲルニカの町は、スペイン北部のバスク地方ヴィスカヤ県の中心都市ビルバオから、鉄道で一時間ほどの場所にある。ゲルニカからビルバオまでは、直線距離で二一キロ。東西を丘陵に挟まれた狭い平地に、南北へと縦長に伸びる街並みは、爆撃とそれに続く大火で多くが破壊されたあと、再建されて落ち着いた姿を取り戻している。

ゲルニカの町が築かれたのは、一四世紀のことで、バスク地方の統治者や代表者は代々、町の西部にある樫の木（通称ゲルニカの木）の下で、宣誓の儀式を行うしきたりとなっていた。この事実が示すように、ゲルニカは町の規模こそ小さいながらも、ヴィスカヤ地方の住民にとっては、ビルバオに劣らぬ重要な場所だった。

この静かで美しい町ゲルニカで、今から八二年前の一九三七年四月に何が起きたのか。まずは、事件当日のゲルニカの情景に焦点を当ててみたい。

【市民殺害の情景】ゲルニカに対する波状の航空攻撃

◉——月曜市でにぎわう町を空から襲った爆弾

一九三七年四月二十六日は、ゲルニカで週に一度の市が開かれる月曜日だった。

当時、ゲルニカの人口は約七〇〇〇人だったが、月曜市に店を出す業者と商品を求める客が集まるこの日、町には一万人以上の市民が行き来していたと見られている。

それらの民衆の中には、戦乱を避けて東部や南部から逃れてきた難民の姿もあった。この時、内戦を戦う地上部隊の最前線は、ゲルニカから三〇キロ近く離れていたが、当時はトラックなどで迅速に移動する自動車化された部隊は少なく、周囲の地形も地上の機動戦には適さなかったため、この町はとりあえず安全な避難所と見なされていた。

天候は雲の隙間から太陽がのぞく薄曇りで、風は弱く、穏やかな春の日和が谷あいの町を包んでいた。町の中心部では、この地域で農業や牧畜を営む住民たちが、野菜や果物、ロバや羊、パン、その他の商品を持ち寄り、いつも通りのにぎわいを見せていた。町の西にある丘の斜面では、放し飼いにされた羊たちが、おとなしく草を食んでいる。

そんな穏やかな風景が一変したのは、午後四時三〇分頃のことだった。

異常事態を知らせるサンタ・マリア教会の鐘が、けたたましく鳴り響く。

人々は会話を止め、なにごとが起きたのかと空を見上げる。

エンジンの轟音を響かせながら、ドイツ空軍の双発（プロペラとエンジンを二基搭載）爆撃機ハインケルＨｅ111が、一機だけで町の上空に姿を現した。

ゲルニカに対する、ドイツ・イタリア両空軍機による無差別爆撃の始まりである。

ルドルフ・フォン・モレアウ中尉の乗るハインケルＨｅ111は、一二発の五〇キロ爆弾を町に投下すると、すぐに飛び去った。

爆弾の多くは、ゲルニカの駅前にある広場に落下し、そこに集まっていた大勢の市民の間で爆発した。轟音と共に激しい悲鳴があがり、頭や手足がバラバラになった女性や子どもの死体が、周囲に散乱した。大勢の負傷者が土煙に包まれ、広場は大混乱に陥った。

ゲルニカ駅前に立つホテルの正面にも爆弾が命中し、そこで遊んでいた数人の小さい子どもが、崩れ落ちた建物のガレキの下敷きとなった。

町のあちこちには、爆撃などの非常時に備えた避難場所の防空壕が造られており、「ゲルニカの木」から一〇〇メートルほど北東にある公立学校の地下も、そうした避難場所のつだった。ゲルニカの公立学校は、東向きに開口部を持つコの字型の建物で、この日は中央の広場に物を売る露店がにぎやかに並んでいた。

教会の鐘を聞いて、いったん防空壕に身を隠していた人々は、爆撃が止むと外に出て、広場とその周辺で負傷した人の手当てなどを始めた。

この時点では、町の損壊はごく一部に留まり、民衆の騒乱も限定的だった。

だが、歴史に特筆される惨劇は、まだ幕を開けたばかりだった。

⦿——尼僧や子どもも標的にしたドイツ軍機の機銃掃射

それから約一五分後、今度はドイツと共にスペイン内戦に介入していたイタリア空軍のサボイア・マルケッティSM79s爆撃機三機が飛来し、北から南へと町の上空を飛びながら、三六発の五〇キロ爆弾を投下し、ゲルニカに対する本格的な「じゅうたん爆撃（カーペット・ボミング）」を開始した。

じゅうたん爆撃とは、特定の目標をピンポイントで狙う爆撃（当時の軍事技術では急降下爆撃がそれに相当）ではなく、一定の領域に対し、あたかもじゅうたんを敷くように、編隊を組んだ爆撃機で無差別に爆弾を投下する爆撃術のことだった。

続いて、ドイツ空軍のハインケルHe111爆撃機三機編隊が、同様の爆撃を行った。

独伊両軍の爆撃機によるゲルニカへのじゅうたん爆撃は、この後もさらに二波の編隊によって実施され、町の建物は次々と破壊されていった。火薬の匂いとガレキの粉塵が通りに充満し、建物の破片がそこらじゅうに散乱して、月曜市の出店を吹き飛ばした。

爆撃が再開されたことを知った人々は慌てて防空壕に逃げ込んだが、パニックに陥って町の周囲にある野原へ走る者もいた。そこに、ドイツ空軍のハインケルHe51戦闘機一〇機が低空飛行で襲いかかり、逃げまどう人々を機銃掃射で狙い撃ちにした。教会から逃げてきた尼僧や子どもまでもが標的となり、野原には血まみれの死体が散乱した。

あらかじめ決められた通りに防空壕へ隠れた者も、無差別爆撃のすさまじい被害を免れたわけではなかった。頑強かと思われた石造建物の天井も、ドイツ軍機の投下した大量の爆弾の威力で次々と崩落した。死から確実に逃れられる場所は、当時のゲルニカ中心部には事実上存在しなかった。

しかし、まだこれで終わりではなかった。ドイツ空軍は、ゲルニカの町を完全に破壊するため、より大きな威力を持つ爆弾を搭載した編隊を送り込んだ。

大小の通常爆弾に加えて、焼夷弾《しょういだん》を積んだユンカースJu52爆撃機である。

◉——焼夷弾による火災の発生と阿鼻叫喚の地獄絵図

三発（エンジン三基）爆撃機のユンカースJu52は、数年後に勃発する第二次世界大戦ではドイツ空軍の汎用輸送機として各地の戦線で活躍するが、スペイン内戦では当初の設計意図に基づいて、爆撃機として使用されていた。

これらのユンカースJu52は、通常爆弾と共に、大量の焼夷弾を搭載していた。

焼夷弾とは、爆発による破壊力よりも、落下した場所に火をつけて燃焼させることに主眼を置いた爆弾のことで、着火した際に激しい炎上反応（テルミット反応）を引き起こすアルミニウム粉と酸化鉄が、細長い容器に封入されていた。着地の衝撃で点火されると、二〇〇〇度ないし三〇〇〇度に及ぶ高温の火炎が発生し、酸素がなくても燃え続け、水や砂をかけても消すことができない。一〇分ほどの激しい燃焼で、周囲にある可燃物は灰となり、そばにいる人間や動物も高熱で焼け死ぬことになる。

通常爆弾による先の爆撃で、屋根や壁が破壊されたことにより、ゲルニカの多くの建物は、燃えやすい内装や床が露出した状態になっていた。しかも、この地方の建物は、スペインの他の地方とは異なり、材質に木材を多く使用していた。そこに、ドイツ空軍の爆撃機から放たれた、大量の焼夷弾が雨のように降り注いだらどうなるか。

午後六時三〇分頃、二三機から成るユンカースJu52爆撃機の編隊は、先行したイタリア軍機と同様、二〇分間隔で北から南へとゲルニカの町をなぞるように飛びながら、二五〇キロ爆弾二八発と五〇キロ爆弾一九二発、そして一キロ焼夷弾五四七二発の計五六九二発を投下した。すぐに町のあちこちで激しい火の手が上がり、消火不能の火炎はまたたく間に街じゅうへと燃え広がっていった。

地獄のような空襲は、午後七時三〇分頃にはおさまったが、焼夷弾によって家々に放たれた火は翌日まで燃え続けた。町中を走る用水路も、最初の爆撃で破壊されていたため、住民による消火活動は困難をきわめた。

ドイツ空軍が「リューゲン（バルト海に浮かぶ島の名だが、ドイツ語で『叱責』の意味も持つ）」という秘匿名で実施したゲルニカへの航空攻撃作戦は、後述する彼らの計画通り、町をほぼ完全に破壊することに成功した。ゲルニカにあった三六四軒の建物のうち、七四・四パーセントに当たる二七一軒が、破壊されてガレキの山と化した。

バスク自治政府はこの事件の直後、爆撃で死亡した人数を一六五四人と発表し、長らくこの数字が海外メディアにも引用されて、ゲルニカ爆撃が「大虐殺」だったというイメージが形成された。だが、その後のスペイン国内と諸外国の専門家による実証的な研究により、この数字は過大であったことが確認され、現在ではこの爆撃と火災による死者数の推計は、二〇〇ないし三〇〇人に縮小されている。

ただし、先に述べた通り、当時のゲルニカには住民に加えて月曜市で町に集まった商売人と客、避難民も居合わせていたことと、多くの人々が崩壊したガレキに埋まったこと、続く火災があらゆるものを燃やしたことから、厳密な死者の数は検証不能だった。

スペイン内戦の勃発とドイツ・イタリア・ソ連の軍事介入

⦿――共和国政府に反旗を翻した右派の国家主義者

ゲルニカの悲劇を招く原因となったスペイン内戦は、そもそもどんな戦争だったのか。

内戦が勃発したのは、ゲルニカ爆撃から一年前の一九三六年七月だったが、その実質的な発端は、同年二月に同国で行われた総選挙にあった。

スペインでは、一九二〇年代から軍部を中心とする右派（国家主義者、王党派を含む）と、共和制や社会主義、共産主義などの進歩的な社会改革を求める左派の間で政治的対立が続いており、一九三一年四月から一九三三年十一月までは左派が、同年から一九三六年二月までは右派が、それぞれ政権の座に就いていた。

そして、一九三六年二月十六日に行われた総選挙で、左派政党の連合体「人民戦線」が勝利し、政権の奪回に成功したが、これをきっかけにスペイン国内では双方による暗殺などの暴力事件が続発し、政情不安が加速した。そうした状況の中、北アフリカのスペイン領モロッコで現地部隊を率いていたフランシスコ・フランコ少将が七月十八日、政権奪取を目指すクーデターの開始を宣言し、配下の部隊と共にスペイン本国で武装闘争を開始したことから、全土を二分する内戦が勃発した。

フランコは、国家主義や反共（反共産主義）などの政治思想を共有する、ドイツの総統ヒトラーとイタリアの統領ムッソリーニに支援を要請し、ヒトラーとムッソリーニは即座にフランコ側への軍事支援を決定した。対する共和国政府（人民戦線）側は、同国の共産党を支援するソ連のスターリンからの軍事援助を受け、スペインにはドイツ、イタリア、ソ連からの厖大な近代兵器と「義勇兵」の名目で派遣された三国の軍人が姿を現した。

ドイツがフランコ軍への支援を開始した当初は、ドイツ軍人は直接的には作戦に参加しない、軍事顧問のような位置づけだったが、一九三六年十月に実施された首都マドリードへの総攻撃が不首尾に終わると、方針が変更され、翌十一月にフーゴ・シュペルレ少将を司令官とするドイツ軍のスペイン派遣部隊「コンドル兵団」が創設された。

派遣の初期段階におけるドイツ空軍機の任務は、フランコ軍の兵力輸送や共和国軍のソ連製戦闘機との空中戦などだったが、制空権の確保が進むにつれて、各種爆撃の実戦テストも行われるようになった。政府側の工場や経済拠点に対する「戦略爆撃」は、内戦終結後にこれを利用するつもりのフランコによって禁じられたが、それ以外の目標に対しては自由に爆弾を投下することが許された。

スペイン内戦の戦況は、マドリード攻防戦の開始に伴い、共和国政府がヴァレンシアへと移転した頃から膠着状態となり、フランコは事態を打開する新たな一手を打つ必要に迫られた。

彼が目を向けたのは、共和国の主な支配地域から切り離されて孤立していた、北部のビスケー湾に面した一帯だった。

⊙――スペイン内戦を新兵器と新戦術の実験場と見なしたドイツ

北部の孤立地帯では、ビルバオを中心とするバスク自治政府の領域と、その西に隣接するアストゥリアス、サンタンデルの二つの地方が、フランコ軍への従属を拒み、抵抗を続けていた。バスク自治政府のトップは、三二歳のアントニオ・アギレだった。

これらの北部地域の抵抗を粉砕すれば、包囲するフランコ軍の部隊は、主戦場であるイベリア半島の中部戦線、特にマドリードの正面へと転用できるようになる。また、バスク地方の鉄鉱石とビルバオの工業施設は、フランコを支援するドイツにとっても魅力的な利権であり、フランコ軍の北部攻勢は、支援者であるドイツの承認も得やすかった。

こうして、一九三七年三月三十一日、フランコの盟友エミリオ・モラ准将の指揮下で、北部攻勢がバスク地方で開始された。この攻勢には、ドイツとイタリア両軍の航空部隊とイタリア軍地上部隊も参加していたが、ドイツ軍のコンドル兵団はこの日、ゲルニカの南約一六キロのドゥランゴと、その南東約九キロのエロリオという二つの町を爆撃した。

ドゥランゴは、ゲルニカよりも規模が大きい人口約一万人の町で、ドイツ軍のユンカースJu52爆撃機とハインケルHe51戦闘機、イタリア軍のサヴォイア・マルケッティSm81爆撃機が投入されたこの二か所の爆撃と機銃掃射で、約二五〇人の市民が死亡した。投下された爆弾の中には、焼夷弾も含まれていたが、その量は少なかった。

だが、コンドル兵団の北部戦域での作戦を指揮するドイツ空軍のヴォルフラム・フォン・リヒトホーフェン大佐は、この爆撃の成果に不満足だった。彼が意図した目標は、敵部隊の退路を断つために町全体を破壊することだったが、波状攻撃の回数が少なく、また建物に与えた被害も比較的軽微だったからである。

スペインに派遣された当初、リヒトホーフェンはドイツ空軍の爆撃機が単独で、敵支配下の都市や町への爆撃を行う計画を立てようとした。だが、スペイン北部には都市や町自体が少ない上、フランコはビルバオなどの都市にある工場を占領後に活用する思惑を抱いていたため、大規模な破壊を伴う都市部への爆撃は控えざるを得なくなっていた。

そんな事情から、リヒトホーフェンの関心は次第に、味方の地上部隊を支援するために航空戦力を用いるという、近接航空支援の研究へと向けられるようになる。当時はまだ、地上部隊と航空部隊の効果的な連携という戦術が確立しておらず、ドイツ空軍が他国に先駆けてこの分野でリードすれば、ドイツの仮想敵国であるイギリスやフランス、ソ連に対してもアドバンテージを得られることになる。

しかし、フランコ軍のモラ将軍とその参謀たちは、リヒトホーフェンの思い描く近接航空支援という革新的な発想を理解できず、彼は何度も失望を味わわされていた。

ドイツ空軍の爆撃で敵地上部隊に物理的・精神的ショックを与えたあと、味方の地上部隊が即座に攻撃すれば、爆撃の効果は最大限に活かされる。だが、味方の地上部隊がもたもたして前進が遅れれば、爆撃の効果が薄れたり、爆撃自体が無意味なものになってしまう。

リヒトホーフェンは四月二十三日、事前の爆撃と連携する形でフランコ軍が地上部隊を素早く前進させないことへの不満を日記に書き記したが、次にドゥランゴのような町へと爆撃を行う際には、より大きな破壊力を持つ新型の爆弾や、破壊力よりも燃焼力を重視した焼夷弾の大量使用などの新しい方策を試すことを考え始めていた。

ヒトラーの再軍備宣言からまだ二年しか経ていないドイツ空軍にとって、スペイン内戦は、新兵器や新戦術の効果を実戦で試すことのできる、格好の舞台だったのである。

◉——ゲルニカ空襲の主目的は「恐怖爆撃」ではなかった

一九三七年のゲルニカ爆撃を語る際、しばしば「世界最初の恐怖爆撃であった」という表現が使われる。だが、この言葉は、果たして事実に合致しているのだろうか？

戦争の際、敵国の市民に恐怖を与える目的で航空機による無差別爆撃を行うという「恐怖爆撃」の概念を最初に提唱したのは、イタリア軍のジュリオ・ドゥーエ少将だった。

彼は、第一次世界大戦終結後の一九二一年に上梓した『制空』という理論書の中で、大型爆撃機の「空中艦隊」を編成して戦略的規模で運用すれば、第一次世界大戦で生じたような甚大な人的損失は回避できると結論づけた。

攻撃する側の歩兵に多大な損害を強いる、難攻不落の要塞や堡塁、蜘蛛の巣のような塹壕と鉄条網、そして機関銃陣地のはるか上空をすり抜けて、大型爆撃機の編隊が敵国の政治的・経済的中枢部へと到達し、大量の爆弾を雨のように降らせれば、相手国は物理的にも精神的にも戦争継続能力を喪失するに違いないと考えたのである。

その後、一九三五年三月十六日の再軍備宣言（ドイツに厳しい軍備制限を課したヴェルサイユ条約の破棄）で正式に発足したドイツ空軍（航空部隊はそれ以前から秘密裏に再建されていた）でも、ドゥーエの論文は、将来における航空戦力の可能性を示唆するものとして熱心に研究され、やがて戦略構想の重要な柱の一つとして採用されることとなった。後に初代のドイツ空軍参謀総長となるヴァルター・ヴェーファー少将は、空軍戦略の研究を重ねた後、その成果を『航空戦教範』と題された一冊の教則本にまとめた。

この書物は、ドゥーエの『制空』に記された基本概念をより時代に即した形へと変化・発展させたものだったが、ドゥーエが敵国政府の戦意を低下させるために有効だと論じた「市民の居住する都市への無差別爆撃」については、上空からの毒ガス撒布も含めて「原則として行ってはならない」非道な行為と規定していた。

そうした非人道的な戦争の手法は、軍事的には有効に見えても、予想される内外の批判を考えれば、空軍という組織にとって長期的にはマイナスだと考えられたからである。

だが、一九三六年六月三日、ヴェーファーが航空機事故でこの世を去ると、その翌月からスペインに派遣されたコンドル兵団の指揮官たちは、ヴェーファーの懸念を無視して、「市民の居住する都市への無差別爆撃」も視野に入れた攻撃計画を立案するようになる。

ただし、リヒトホーフェンが立案したドゥランゴやゲルニカへの爆撃は、ドゥーエが提唱したような「恐怖爆撃」、つまり心理的効果を主眼とするものでなく、味方地上部隊の攻撃作戦を空から支援する上での軍事的効果を意図したものだった。

具体的には、敵部隊の退却を阻止するための、隘路に位置する町の破壊である。

航空戦の歴史に造詣の深いアメリカの軍事史家ジェームズ・コラムは、二〇〇八年に上梓したリヒトホーフェンの伝記で、ゲルニカ爆撃における彼の企図を、本人の日記を含む多数の史資料をもとに読み解いている。それによれば、リヒトホーフェンはバスク地方の山間を走る道路網を研究し、ゲルニカ爆撃前日の四月二十五日にはゲルニカとビルバオを結ぶ重要な道路に対する空襲を、戦闘機部隊に命令していた。

そして、モラ将軍の参謀であるフランコ軍のヴィゴン大佐と協議したリヒトホーフェンは、ゲルニカで道路を完全に封鎖して、その東と北東に展開するバスク軍部隊のビルバオへの撤退を阻止する好機だと考え、翌日に町を空襲する計画を立て、モラ将軍と司令部の承認を得た。予定では、爆撃翌日の四月二十七日に、フランコ軍の地上部隊が破壊されたゲルニカへとなだれ込み、退路を断たれたバスク軍の残存部隊を殲滅するはずだった。

大空襲によるゲルニカの完全な破壊で、大量のガレキが一帯に散乱したことにより、自動車も馬車も町中の道路を通行できなくなり、リヒトホーフェンの企図は達成されたかに見えた。だが、モラ将軍麾下のフランコ軍地上部隊の前進が、爆撃三日後の四月二十九日まで遅れたことで、敵の退路を断つという彼の思惑は空振りに終わってしまう。

バスク人は迅速にゲルニカのガレキを片づけて道路を復旧させ、町の東と北東にいたバスク軍の部隊は、南西のビルバオへと整然と退却することに成功したからである。

四月三十日、破壊されたゲルニカの町に足を踏み入れたリヒトホーフェンは、それでも爆撃の成果に満足し、新型の二五〇キロ爆弾とECB1という新しい爆弾の信管の効果測定という面でも、技術的成果が得られたと判断した。

しかし彼は、ゲルニカで死んだ大勢の市民には、一片の関心も払わなかった。ドゥランゴへの爆撃が実施された三月三十一日付の、リヒトホーフェンの署名が入った命令文書でも、作戦遂行においては「一般市民に対する配慮は無用」と記されていた。

大量の市民の死者を生み出す「無差別爆撃」時代の幕開け

ところとなった。

⊙——外国メディアの報道が創り出したドイツ空軍の虚像

 ゲルニカという小さな町で発生した地獄のような惨状は、すぐに新聞を通じて世界中が知るところとなった。

 スペイン内戦には、各国の報道機関が契約特派員を数多く送り込んでおり、共和国政府とフランコ軍のいずれかの陣営の許可を得た新聞特派員たちは、前線や後方地域の情勢を取材したのち、報道記事の写真や文章を、当局の検閲を受けた上で会社へ送信した。

ゲルニカ爆撃に関して、最も反響を呼んだ記事を送信したのは、英タイムズ紙の特派員ジョージ・スティアだったが、他にも三人の外国特派員がビルバオにおり、彼らが現地取材に基づいて書き送った生々しい報告は、世界中の人々に義憤の怒りを巻き起こした。

そして、バスク自治政府がゲルニカ爆撃の死者数を一六五四人と発表したことで、フランコ軍は国際的な非難の的となった。フランコは、ゲルニカの破壊はバスク人自身が行った自作自演の「でっち上げ」だという宣伝を行ったが、説得力はほとんどなかった。

だが、こうしたセンセーショナルな報道は逆に、ドイツ空軍の爆撃機が持つ破壊力に対する評価を、実際の能力以上に高めるという「宣伝効果」を生みだしてしまう。

とりわけフランス軍の内部では、もしドイツと戦争になれば、フランス北東部の工業地帯がドイツ空軍の爆撃で破壊される可能性が高いとの認識が広がり、一九三八年九月二十九日に始まったミュンヘン会談(チェコスロヴァキアのドイツ人居住地域のドイツ割譲をめぐる英仏独伊の首脳会談)でフランス首相ダラディエがヒトラーに譲歩を行った背景にも、フランス空軍上層部からの警告が影を落としていたと言われている。

つまり、ヒトラーのあずかり知らぬところで実行されたドイツ空軍のゲルニカ爆撃は、予期せぬ形で、諸外国に対するヒトラーの威信を高める効果を生んでいたのである。

コンドル兵団に参加したドイツ軍人の一部は、戦後に「爆撃の目標は、ゲルニカの町に隣接したレンテリア橋の破壊だった」と弁明した。だが、通常爆弾だけでなく、石で作られた橋を破壊する爆発力がない焼夷弾が、この爆撃で大量に投下された事実を考えれば、橋の爆破だけが目的で町の破壊を意図していなかったという説明は成り立たない。

また、ハインケルHe111などの編隊が、縦一列に並ぶI字でなく、一定の幅に広がるV字隊形で、四〇〇〇ないし六〇〇〇フィート(約一・二から一・八キロ)という高々度から爆撃を行った事実も、橋を狙った精密爆撃ではなかった事実を物語っている。

さらに言えば、橋梁の爆破は通常、退却する側が敵の追撃を阻むために行うもので、敵を追撃しながら前進する側(この場合はフランコ軍)は、逆に敵軍による橋の爆破を阻止する必要があった。橋が落とされれば、追撃する側は架橋資材を用意して新しい橋を架け直さなくてはならず、その間は部隊の前進がストップするからである。

こうした事実を考慮すれば、橋の爆破だけが目的だという説明は、軍事的合理性の面でも説得力が薄いと言える。実際、レンテリア橋は凄まじいゲルニカ爆撃の後も、ほぼ無傷で残り、フランコ軍とイタリア軍の地上部隊は、この橋を渡ってゲルニカに入り、さらにビルバオへと進撃したのである。

◎──開戦後に「恐怖爆撃」の効果を認識したドイツ空軍

ゲルニカ爆撃の前と後には、どのような形の「爆撃」が実行されていたのか。

敵国の市民が住む町や都市に、飛行機から無差別に爆弾を落とすという軍事作戦が初めて大規模に実行されたのは、一九一四年に勃発した第一次世界大戦だった。

ドイツ帝国軍のツェッペリン飛行船とゴータ爆撃機は、この戦争中に計一〇三回のイギリス空襲を実施し、軍事目標だけでなく、首都ロンドンを含む町や都市にも爆弾を投下した。投下された爆弾の総量は約三〇〇トンで、死亡したイギリス市民の数は子どもを含め約一四〇〇人だったが、一つの町を丸ごと焼失させるほどの破壊力はなかった。

一方、ゲルニカ爆撃から一年と八か月後の一九三八年十二月十八日、前年に始まった日中戦争を戦う日本軍は、中国（中華民国）の暫定首都（首都南京が日本軍に占領されたために遷都）

である重慶に対する無差別爆撃を開始した。

重慶爆撃の目的の一つは、同地に甚大な損害を与えて中国の最高指導者・蔣介石の抗戦意志を喪失させることで、日本海軍航空隊の爆撃機はゲルニカを爆撃したドイツ空軍機と同様、無差別のじゅうたん爆撃を実行して大量の焼夷弾を空から重慶市街に投下した。だが、中国国民政府はこの爆撃が生み出す恐怖に屈せず、同年十二月から一九四三年八月までに二一八回行われた重慶爆撃は、子どもを含む大勢の死亡者を出しただけに終わった。死者の数はいまだ確定しておらず、その推定も数百人から一万人以上まで幅がある。

一九三九年九月にドイツ軍のポーランド侵攻が開始され、第二次世界大戦の幕が切って落とされると、都市に対する無差別爆撃は、もはや戦争の一部として常態化した。九月二十五日、包囲下の首都ワルシャワにとどめを刺すべく、ドイツ空軍は約四〇〇機の爆撃機を投入して無差別爆撃を実行、通常爆弾五六〇トンと焼夷弾七二トンを叩き込んだ。

その翌年の一九四〇年五月十四日には、ドイツ空軍によるオランダのロッテルダムに対する無差別爆撃が発生した。地上では、同地のオランダ軍とドイツ軍の間で既に停戦が成立していたが、ドイツ陸軍と空軍の連絡不備によりその事実が伝達されず、五七機のハインケルHe111爆撃機が、一〇〇トンの通常爆弾と焼夷弾をロッテルダム市内に投下、街の大半が破壊されて、子どもを含む九〇〇人の市民が死亡した。

ロッテルダムがドイツ空軍の無差別爆撃で潰滅したあと、八万人の市民が住居を失って難民となった事実にショックを受けたオランダ政府は、これ以上の抵抗は市民の犠牲を増やすだけだと判断し、翌五月十五日にドイツへの降伏を受け入れた。このロッテルダムの事例は、無差別のじゅうたん爆撃が相手国の政府を降伏に追い込めるという「恐怖爆撃」の効果を、ヒトラーとドイツ空軍の首脳部に認識させる結果となった。

同年八月に、ドイツ空軍のイギリスに対する航空攻撃が始まった時、ヒトラーはイギリスとの和平交渉に配慮して、ロンドン市内への無差別爆撃を禁止していた。だが、チャーチルが徹底抗戦の態度を崩さないことを知ると、八月二十九日に「ロンドン市内への爆撃禁止命令」を撤回、ロンドン市民に恐怖心を植え付けて厭戦気運を引き起こすため、同市に対する無差別のじゅうたん爆撃を、九月四日から開始した。

しかし結局、このヒトラーの賭けは日本軍の重慶爆撃と同様の裏目に出て、ロンドン市民のドイツに対する敵意と抗戦意欲をさらに強める結果となった。

ヒトラーが命じたイギリスに対する「恐怖爆撃」は、失敗に終わったのである。

⦿——無差別じゅうたん爆撃で焼かれた都市と無惨に殺された市民たち

一九四三年にヨーロッパの戦況がそれまでの枢軸国陣営（ドイツ・イタリア）から連合国陣営（イギリス・アメリカ・ソ連）の優位に転じると、米英両軍の航空部隊は、ドイツ国内の目標に対する大規模な爆撃任務を開始した。

ヨーロッパ戦域に展開した米陸軍航空軍（当時はまだ独立した空軍を持たない）の爆撃機は、ドイツの軍需工場や経済施設に対する精密爆撃に重点を置いたが、イギリス空軍の爆撃機は、ロンドンをはじめとするイギリス本土の都市や町が爆撃されたことへの報復として、ドイツ国内の都市や町に対する無差別のじゅうたん爆撃を大規模に実行した。

一九四三年七月二十四日の夜、イギリス空軍の爆撃機七九一機が、ドイツ北部の都市ハンブルクに襲いかかり、一〇日間にわたる徹底的な無差別のじゅうたん爆撃を実行した。初日だけで二三九六トンの爆弾が投下されたが、その大半が焼夷弾だった。ハンブルク市内では、七月二十七日夜に実行された焼夷弾の爆撃で大火が発生し、三〇〇〇度を超える「火災旋風」が引き起こされて、子どもを含む大勢の市民が炎の中で焼け死んだ。

ハンブルクにおける死者の数は、三万人とも四万五〇〇〇人とも言われるが、正確な数は不明で、一〇〇万人以上の市民が難民として避難することを余儀なくされた。イギリス空軍はこれ以降も、ドイツ国内の都市に対する無差別爆撃を繰り返し実施し、終戦が間近と思われた一九四五年二月十三日に始まったドレスデン大空襲でも、投下された六五万発の焼夷弾が「火災旋風」を発生させ、二万五〇〇〇人以上の市民が死亡した。

一方、ヨーロッパ戦域では、精密爆撃の方が敵国の継戦能力に与える打撃が大きいとの判断から、ドイツ国内の都市や町への無差別爆撃を控えていたアメリカ陸軍航空軍だったが、ハワイの真珠湾を奇襲攻撃して「だまし討ち」で多くの米軍兵士を殺した日本に対しては、情け容赦なく、市民の頭上に爆弾や焼夷弾を雨のように降らせる、無差別のじゅうたん爆撃を徹底的に実行した。

アメリカ軍爆撃機による最初の日本本土への空襲は、一九四二年四月十八日の「ドゥーリットル空襲」だったが、この作戦は米国内の戦意昂揚や、日本の戦争指導部と国民に対する精神的打撃などの政治的効果を狙ったもので、実際の戦果はきわめて小さかった。

より本格的な日本本土への爆撃は、一九四四年六月十六日にボーイングB29戦略爆撃機が実行した「八幡空襲」が最初で、中国の成都を飛び立ったB29のうちの四七機が、日本の鉄鋼生産の中心地である福岡県の八幡製鉄所への爆撃を実施し、一〇七トンの爆弾を投下した。ただし、この作戦も一般市民を目標とした無差別爆撃ではなかった。

◉――アメリカ軍の日本に対する焼夷弾の無差別爆撃

日本への空襲が開始された当初は、アメリカ陸軍航空軍も、軍事目標だけを標的とする精密爆撃を行う方針をとっていた。太平洋のマリアナ諸島に新たな対日爆撃の出撃基地が作られ、十一月二十四日からB29の大編隊による日本空襲が本格化したが、高度一万メートルという超高空を飛びながら行われた爆撃は、機体を激しく揺さぶるジェット気流の影響もあって照準が定まらず、狙った場所に爆弾を投下することは至難の業だった。

その後、中国の基地から日本や満洲、日本支配下の中国国内にある目標への無差別爆撃で実績を積んだカーティス・ルメイ少将が新たな指揮官として着任すると、彼は大量の焼夷弾を使用した無差別じゅうたん爆撃で、日本国内の都市を次々と焼け野原に変えていった。その背景には、B29という莫大な予算（現在の日本円に換算して四兆円ともいわれる）で開発された新型機が、期待された成果を挙げていないことへの焦りと、それに伴う陸軍航空軍への政府と陸海軍からの圧力（予算削減など）に対する危機感があった。

焼夷弾による無差別爆撃は、大勢の市民が死傷するのと引き換えに、敵国の大都市の破壊という「目に見える成果」を手っ取り早く得られるという側面を有していた。

中国と同様、木や紙を素材に作られた日本の住居は、石造建物が多いヨーロッパとは違い、先に通常爆弾で屋根や壁などを破壊しなくても、B29に搭載する大量の焼夷弾の威力だけで炎上させられることを、ルメイは理解していた。

一九四五年三月十日にルメイ指揮下の米軍爆撃機三三四機が実施した「東京大空襲」では、一六六五トンの焼夷弾が東京下町の木造家屋を焼き尽くし、子どもを含め八万ないし一〇万人の市民が死亡したと見られている。そして、一連の日本本土空襲は、同年八月の核爆弾（原子爆弾）二発の投下へと発展するが、これについては本章で述べたのとは異なる観点からの分析が必要となるため、第七章で改めて検証する。

以上のように、第二次世界大戦とその前哨戦（スペイン内戦と日中戦争）では、大勢の市民が巻き添えで死亡する可能性が高いことを承知の上で、各国の航空部隊指揮官は、焼夷弾という破壊力よりも燃焼力に主眼を置いた爆弾を多用し、都市や町を炎上させ、人々を死へと追いやった。

そして、戦史が教えるのは、ゲルニカ爆撃を立案・指揮したリヒトホーフェン同様、焼夷弾の無差別爆撃を行った指揮官たちはみな、日本軍、ドイツ軍、イギリス軍、アメリカ軍などの国籍を問わず、都市や町をいかに「効率的」に破壊し、炎上させられるかには多大な関心を払う一方、地上で暮らす一般市民の命は、彼ら彼女らの帰属する国が「敵国」だという理由で、考慮の対象外に置いていたという冷厳な事実である。

一般に、無差別爆撃は「意図的に敵国の市民を殺傷して恐怖を味わわせ、戦争継続の意志を打ち砕く」ために行われる「恐怖爆撃」としてイメージされる。だが実際には、そのような形で相手国が屈服した事例は、オランダなど、ごくわずかしか存在しなかった。

むしろ、爆撃を実行する軍人の内面に生じた「敵国の市民の命に対する無関心」や「敵国の市民を殺すことに対する感受性の麻痺」が、こうした無差別爆撃を際限なく拡大させた原動力だったのである。

ルポ

ゲルニカ

スペイン

◉ゲルニカのサンタ・マリア教会とそこに向かう階段

日本からゲルニカへ行くには、まずパリやフランクフルトなどを経由して飛行機でスペイン北部のビルバオに飛び、そこから鉄道かバスで約一時間かけて訪れることになる。

スペイン北部のバスク（エウスカル）地方は、バルセロナを中心とする東部のカタルーニャ地方と同様、スペインという国家に属しながらも地域文化と住民の郷土愛が強い場所で、駅や空港の表示もバスク語とスペイン語が併記されている。かつてはスペインとフランスにまたがるバスク地方の分離独立を求める民族組織「バスク祖国と自由（ETA）」が爆弾テロや暗殺などの武力闘争を行っていたが、同組織は二〇一七年四月に自発的に武装解除を宣言し、二〇一八年五月には完全な組織の解体が発表された。

現在のゲルニカ（ゲルニカ・ルモ）は、人口一万七

◉ゲルニカにあるピカソ作「ゲルニカ」の複製

〇〇〇人ほど（二〇一六年の統計）の比較的小さな町で、落ち着いたたたずまいの街並みを静かに歩きながら、かつてこの場所で起きた悲劇的な出来事を想像するのは難しい。だが、市内にはいくつか、ゲルニカへの無差別爆撃の犠牲を記憶に留めるための場所があり、ゲルニカが人類史に特筆される非人道的行為の現場であったことを、世界中からの訪問者に教えている。

　ゲルニカ駅から徒歩三分ほどの場所にある、二〇〇二年に開設された「ゲルニカ平和博物館」は、一九三七年の爆撃に関する展示と共に、来館者に「平和の希求」を呼びかける公的施設として運営されている。その一〇〇メートルほど南には、コの字形をした当時の公立学校の建物と防空壕があり、道を挟んで北西に隣接するサンタ・マリア教会も爆撃による破壊を免れ、惨劇の幕開けを住民に知らせた三つの鐘が、今も鐘楼に残る。

　サンタ・マリア教会から北に約一〇〇メートル歩くと、タイルのような石版に描かれたピカソ作「ゲルニカ」の実物大の複製が、街路に面して設置されている。

ゲルニカ・ルモ市は、現在マドリードのソフィア王妃芸術センターにあるオリジナルを同地に移設することを希望しており、複製の下には「『ゲルニカ』(絵画)をゲルニカへ」という文字が記されている。オリジナルは一般観覧者は撮影禁止だが、この複製は自由に撮影できる。

西側の丘陵を少し登ると、ゲルニカの街を見下ろせるスポットがいくつか存在する。建物の形と数、そして整備された舗装道路は当時と異なるが、細長いゲルニカの街を取り巻く丘陵の連なりや青い空は、当時の状況とほとんど変わらないはずだ。

この広い空に、轟音を響かせながらドイツ軍とイタリア軍の爆撃機が次から次へと飛来し、逃げまどう市民の頭上に、爆弾と焼夷弾を投下し続けた。建物が次々と崩壊し、黒煙があちこちで立ち上り、爆発音と悲鳴が街全体を覆った当時の阿鼻叫喚を想像すれば、ピカソが大作に込めた怒りと憤りのエネルギーを、より熱を帯びた形で理解できるだろう。

第二章

上海・南京

中国

――兵站軽視と疑心暗鬼が生み出した市民の大量死

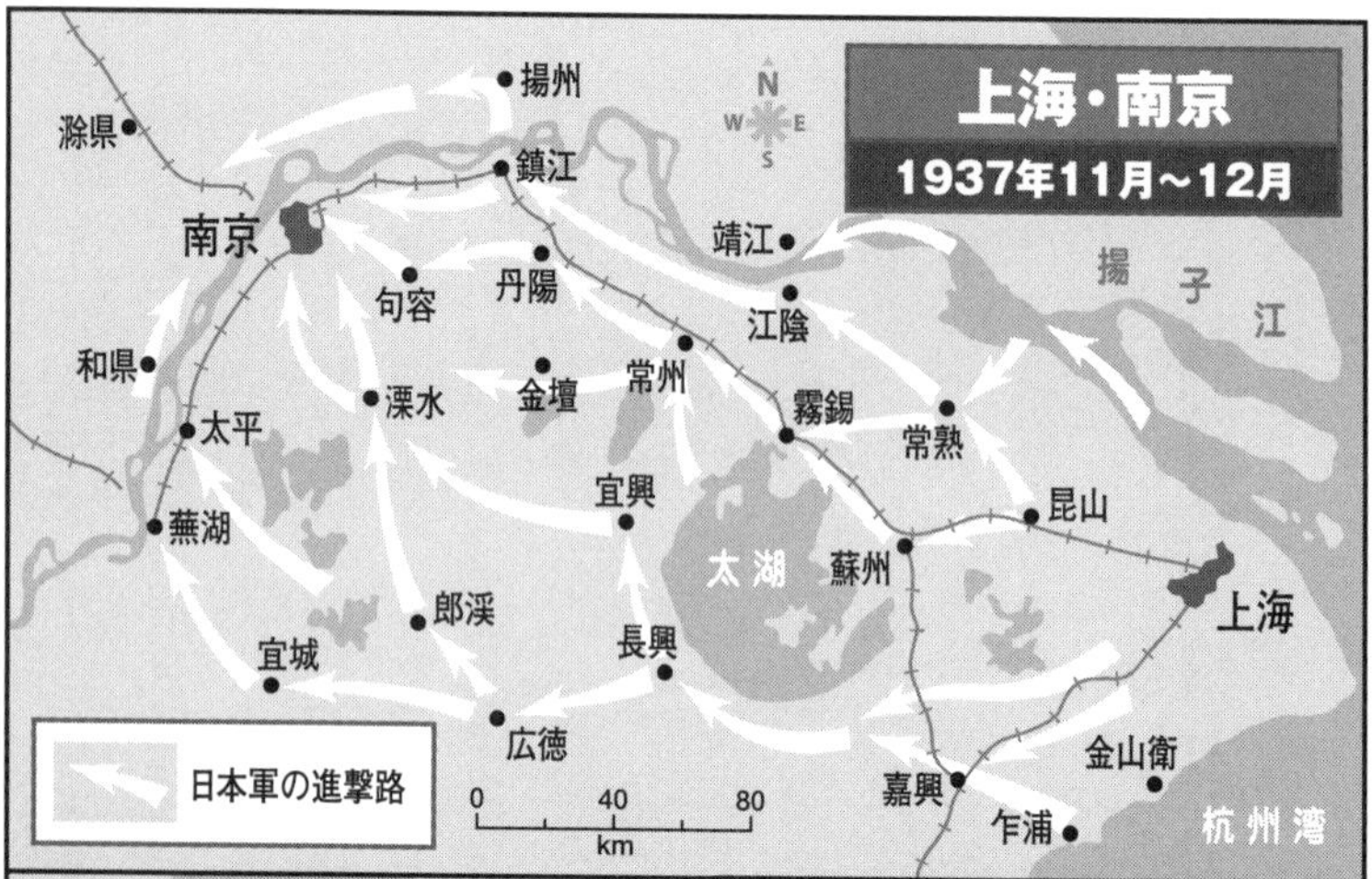
上海・南京
1937年11月～12月
揚州
滁県
鎮江
南京
靖江
揚子江
句容
丹陽
江陰
和県
金壇
常州
溧水
太平
霧錫
常熟
宜興
昆山
蕪湖
太湖
蘇州
上海
郎渓
長興
宜城
広徳
金山衛
嘉興
乍浦
杭州湾
日本軍の進撃路
0
40
80
km

南京城とその周辺地域
揚子江
幕府山
国際安全区
南京城
老虎山
中央門
金川門
挹江門
紫金山
玄武門
太平門
定淮門
明孝陵
中山陵
日本
大使館
草場門
漢中門
中山門
飛行場
水西門
現在の
「侵華日軍南京
大屠殺遭難同胞
記念館」の場所
光華門
通済門
武定門
中華門
※地図は当時のもの
0
2
4
km

◉――日本人によく知られた中国の地名・上海と南京

中国にある都市の中でも、上海と南京は、首都北京と並び、日本人にはよく知られた地名である。上海は、日本から飛行機でアクセスしやすいこともあり、気軽に行ける観光地として、多くの日本人旅行者が訪問している。ビジネスや留学などで現地に住む日本人の数も多く、二〇一八年の統計によれば、上海日本商工クラブという日本の商工会組織に登録する日本の法人会員数は二二六四社に達している（同クラブ公式サイト）。

その上海から、日本の新幹線に似た高速鉄道で約二時間の場所にある南京は、それとは対照的に、日本人が「気軽に遊びに行く観光地」とは言えない特別な場所だと言える。なぜなら、この都市では日中戦争が始まった一九三七年に、大勢の中国兵捕虜と中国の市民が日本軍によって殺害された場所として、国際的によく知られているからである。

南京市内には、中国政府が管理運営する南京大虐殺事件の記念館や、その犠牲者の慰霊碑が数多く存在しているが、日本兵による中国人市民の殺害が事実であることは、日本の外務省も公式に認めている。外務省のウェブサイトには、次のような記述がある。

「日本政府としては、日本軍の南京入城（１９３７年）後、非戦闘員の殺害や掠奪行為があったことは否定できないと考えています」

外務省は、被害者の人数については「諸説」あるので、政府としてどれが「正しい数」かを認定することは困難だとしているが、旧日本軍人からの聞き取り調査に基づき、陸軍士官学校卒業生らを中心とする親睦団体である偕行社が一九八九年に刊行(一九九三年に増補改訂版を刊行)した『南京戦史』では、日本軍が南京で殺害した中国人市民(軍服を脱いで市民に紛れた中国兵は含まず)の数を、同団体が確認できた範囲での証拠に基づく推定として、一万五七六〇人と算出している。

だが、日本軍が「非戦闘員の殺害や掠奪行為」を行ったのは、一九三七年十二月の南京攻略戦が初めてではなく、そこに至るまでの上海から南京への進撃過程でも、兵士による市民の殺害が発生していた事実が、部隊の記録や日本兵の日記・手記に数多く記されている。

日本においては、南京での大虐殺(中国兵捕虜と中国人市民の大量殺害)に関する議論は、南京という狭い場所に限定した形でなされる場合が少なくない。だが、この出来事がなぜ起きたかを知るには、一九三七年八月に始まった上海の戦い(第二次上海事変)から南京攻略戦に至る五か月間の軍事作戦にも目を向ける必要がある。

なぜなら、当時の日本軍上級司令部が作戦の中で下した命令に、前線の日本兵をそのような非人道的行動へと駆り立てる、二つの大きな原因が内包されていたからである。

その二つの原因とは、これ以後の各戦域での戦いでも日本軍人と現地住民の双方に繰り返し悲劇的な事態を引き起こすことになる、「兵站軽視」と「疑心暗鬼」だった。

【市民殺害の情景】軍による市民殺害の具体的事実の記述

それでは、上海から南京に至る進撃と、それに続く南京占領の後において、日本軍兵士による中国人市民の殺害は、どのような形でなされたのだろうか。

本章では、前記した『南京戦史』全三巻（本冊一巻と資料集二巻）に収録された記録をはじめ、日本軍兵士の日記や手記、部隊の戦闘報告、戦後に刊行された部隊史などに記された当事者による記録に基づき、日本兵が行った市民殺害の事例を再確認する。

この問題は、現在もなお日本国内で激しい論争を巻き起こすデリケートな側面を持つ点を考慮し、本章においてのみ、個々の引用文に番号を振り、引用元を注の形で後に列挙する。引用文は、現代の読者が読みやすいように、旧字や旧かなを適宜修正し、句読点や改行を補足した。

まず、日本軍が上海から南京に至る進撃過程で行った、中国兵捕虜の殺害という事実に目を向けてみる。

◉――市民大量殺害の前段階としての「捕虜殺害」の常態化

投降した捕虜の殺害は、当時の国際的な戦時法規（後述）に反する行動だが、当時の日本軍は個々の兵士の判断ではなく、司令部の容認下でこれを行っていた。そうした行動の常態化が、倫理観の低下を招き、やがて市民の大量殺害へと発展していくことになる。

日本軍による中国人捕虜の殺害は、上海戦の段階から、すでに各部隊で始まっていた。「俘虜（捕虜）の大部分は師団に送致せるも、一部は戦場において処分（殺害）」《第3師団歩兵第34連隊の戦闘詳報》【1】

「俘虜は全部、戦闘中なるをもって射殺」《第13師団歩兵第116連隊の戦闘詳報》【2】

これらの捕虜殺害は、戦闘の延長として、つまり「逼迫した状況下でやむを得ず」行う行為とされたが、中国軍の上海から南京への撤退開始で戦況が好転し、日本軍側に余裕ができると、日本軍人の間では、捕虜殺害が日常的に行われるようになっていく。

「十一月二日（略）夜半、中国軍正規兵一名を捕らえた。朝、小隊長伊藤少尉が、軍刀の試し切りをすると斬首する」「十一月十三日（略）たくさんの将兵が渡河地帯で待機するうち捕らえた中国兵を、試し斬りするとかで河岸に連れて来る。（略）衆人見守る中で軍刀を抜き放ち、一呼吸の後サッと斬りおろす。（中国兵の）首は体を離れて前に飛び、体はあおむけにのけぞった。あまりの鮮やかさに、（見ていた日本軍人）一同が拍手かっさいする」《第9師団歩兵第36連隊所属兵士の、陣中日記に基づく戦闘記録》【3】

南京攻略部隊の一つである第16師団の師団長・中島今朝吾中将の日記にも、日本軍が南京を占領した十二月十三日の頁に、捕虜殺害や軍刀の試し切りの話が記されている。

中島の日記によれば、天文台付近の戦闘で中国軍の工兵学校教官の工兵少佐を捕虜として捕らえ、彼を尋問して中国軍が埋設した地雷の場所を知ろうとしたが「歩兵はすでにこれを斬殺せり、兵隊君にはかなわぬかなわぬ」と、捕虜の中国軍工兵少佐を部下の兵士が勝手に殺害したことを特に非難もせず、軽口で話を終わらせている。【4】

また、同じ日の正午には「高山剣士来着す」との言葉に続いて「捕虜七名あり、ただちに試し斬りをなさしむ。小生の刀もまたこの時、彼をして試し斬りせしめ、頸（頭部）二つを見事斬りたり」と、ごく普通の出来事のように書いている。【5】

そして、中島は「捕虜はせぬ方針なれば、片端より片づけることとなしたれども、千、五千、一万の群集となれば」武装解除だけでも困難であり、騒擾を起こせば始末に困るとして、部下が各所で捕虜を殺害することを追認する態度をとった。

「佐々木部隊だけで処理（殺害）したもの約一万五千、太平門における守備の一中隊長が処理したもの約一三〇〇、仙鶴門付近に集結したるもの約七〜八千人あり、なお続々と投降してくる。この七〜八千人を片づける（殺害する）には、相当大きな壕（地面の穴）が必要だが、なかなか見当たらず。一案としては、百〜二百に分割したあと、適当な場所に誘導して処理する予定なり」【6】

◉——中国人市民に対する敵愾心を生んだ「便衣兵」という戦法

日本軍部隊が南京へと進撃するにつれて、日本兵の陣中日記や日本軍部隊の戦闘詳報には「敗残兵」や「便衣兵」という言葉が増えていくようになる。

所属部隊からはぐれた兵士や、戦意を喪失して逃亡・脱走した中国兵の中には、軍服を脱ぎ捨てて、一般市民に紛れた者も数多く存在した。当時の日本軍は、これを「敗残兵」と総称した。戦闘意欲を失った脱走兵なので、当面は日本軍の脅威とはならない。

また、当時の中国軍は、私服（便衣服）の兵士に情報収集や破壊工作を行わせたり、市民の志願者（民兵）にも武器などを与えて戦闘支援任務に就かせていたため、日本軍人は軍服を着ていない中国人にも強い警戒心を抱くようになった。これらの「私服の戦闘員」を、日本軍は「便衣兵」と呼称したが、この言葉は満洲事変の頃から使われていた。

上海戦での予想外の苦戦と、それに伴う死傷者の増大により、日本軍の前線部隊では、中国軍に対する敵愾心が高まり、その矛先は戦場で戦う敵兵だけでなく、私服の中国人にも向けられるようになった。その結果、大勢の中国人が、日本軍人によって一方的に「敗残兵」や「便衣兵」と決めつけられて殺害される事例が多発したのである。

日本軍との戦いに協力した中国人の市民は、青年や壮年の男子だけではなかった。上海の前線に送られた兵士の日誌や手紙、部隊の戦闘詳報に基づいて編纂された、第101師団歩兵第149連隊の部隊史は、九月二十七日の戦いに触れた頁で、他の部隊と配置交替したばかりの自分たちの情報が早くも敵側に知られている事実への前線兵士の驚きと共に、日本軍が戦場周辺の中国人市民を殺害した経緯について書いている。

「密偵が、わが軍の占領地内にいることは確かだった。どこの部隊でも、怪しい土民（原住民）はすべて捕らえて処刑した。なかには無実の者もいたかもしれない。だが何しろ言葉はわからず服装は同じ、戦場の常としてやむを得なかった点もある」【7】

また、同書は中国側が日本軍陣地の場所を味方の砲兵に知らせるため、夜に花火のようなものを打ち上げていた事実を紹介し、それに対する日本軍の対応をこう述べている。

「最初、敵の夜間砲撃の正確さにおどろいた日本軍だが、やがてこのわけを解明、ナゾの花火の追及を行った。いずれも土民のしわざだった。捕らえてみたら老婆だったこともある。（略）それ以後、土民に対する追及は厳しくなり、捕らえたものは、すべて処刑することになったのだった」【8】

◉――「女子どもも容赦なく殺せ」と命令していた指揮官たち

同じ第101師団の衛生隊に所属していた軍医は、陣中日記の十一月二十四日の頁に書き記した「屍臭あたりにただよい誠に凄惨たり。ある農家の竹やぶの中には、一家であろうか、十数名の農民の死体がある。中に母親に抱かれた幼児の死体、実にあわれであり涙を誘う」という記述を紹介したあと、戦後の回顧として次のように補足している。

「農民の死体……ずいぶんありました。苦戦の連続で、兵隊は殺気だっていましたからね。敗残兵が便衣を着て逃げるということもあり、少し怪しい者とみれば、たちまち撃ち殺してしま

う。だから良民（無実の市民）も相当な被害を受けていると思います」【9】
また、第10軍の参謀長は、金山衛への上陸作戦（十一月五日）を前に、市民への疑心暗鬼を煽る内容の「支那住民に対する注意」を、同軍の将兵に通達した。
「上海方面の戦場においては、一般の支那住民は老人、女、子供といえども敵の間諜（スパイ）を勤め、あるいは日本軍の位置を敵に知らしめ、あるいは敵を誘導して襲撃せしめ、あるいは日本軍の単独兵に危害を加えるなど、まことに油断ならない実例が多いため、特に注意を必要とす。このような行為を認めた場合においては、いささかも仮借することなく、断乎たる処置を執るべし」【10】
第16師団歩兵第20連隊第1大隊第3中隊第3小隊で南京攻略戦に従軍した上等兵が、一九三九年に除隊後、陣中日記や当時のメモなどをまとめて一九四一年に著した手記にも、南京への進撃途上に起きた出来事として、以下のような記述があった。
「師団長は女、子供に至るまで殺してしまえと言っているということだった。我々は、片端から住民をつまみ出してきた。連隊長大野大佐は、住民を殺せと命令した」【11】
「少尉は家の中を探して、怪しい者のいないのを確かめると、出ていきかけて、『この部落民も隣村のように皆殺しにするんだ。隣村では、三歳の童子も殺した。用事が終わったら逃がさぬようにしておけ。明朝は全部息の根を止める！』
少尉はこう憎らしく言い捨てると、軍刀をガチャリと鳴らして出て行った」【12】

⦿――急遽決定した松井石根大将の「南京入城式」とそれに伴う「城内の清掃」

日本軍が、城壁で囲まれた南京市街をほぼ占領したのは、一九三七年十二月十三日のことだった。だが、市内に入った日本兵は、そこで予想外の新たな命令を課せられる。

四日後の十二月十七日に、この戦域の日本軍司令官を主役とする形で「南京入城式」を執り行うので、それまでに「市内を清掃せよ」と命じられたのである。

南京陥落の時点で、日本軍は南京市内にはなお二万五〇〇〇人近い「敗残兵」や「便衣兵」が潜んでいると推定していた（十二月十六日付の大阪朝日新聞朝刊）。それを、わずか四日でその数倍の「罪もない市民」の中から正確に選別することは、実質的には不可能なはずだったが、彼らは「清掃」という任務をやり遂げ、南京入城式を成功させた。

「青壮年はすべて敗残兵または便衣兵とみなし、すべてこれを逮捕監禁せよ」《第9師団歩兵第6旅団が十二月十三日に下達した南京城内の掃討実施に関する旅団命令》【13】

この命令は、私服を着た中国人の「青壮年」を「すべて敗残兵または便衣兵とみなす」という乱暴な断定を命じているが、その対処については「逮捕監禁せよ」と指示している。しかし、同師団同旅団の歩兵第7連隊に所属する上等兵が書き記した日記の、南京入城式前日に当たる十二月十六日の頁には、次のような記載があった。

「午前十時から残敵掃蕩に出かける。（略）午後また出かける。若い奴を三百三十五名捕らえてくる。避難民の中から、敗残兵らしき奴を皆連れてくるのである。この（避難民の）中には家族もいるであろうに。これを連れ出すのに、ただただ泣くので困る。手にすがる、体にすがるで、まったく困った。（略）揚子江付近にこの敗残兵三百三十五名を連れて、他の兵が射殺に行った。（略）日本軍司令部（の統治下）で二度と腰の立てないようにするために、（中国の）若人は皆殺すのである」【14】

同じ兵士の日記の十二月二十二日（入城式から五日後）の頁には、こう書かれていた。

「夕闇迫る午後五時、大隊本部に集合して敗残兵を殺しに行くのだと。見れば本部の庭に百六十一名の支那人が神妙にひかえている。（略）池のふちに連れて来て、一軒家にぶち込めた。家屋から五人を連れてきては（小銃に着けた銃剣で）突くのである。（略）

中には、逃げるために屋根裏にしがみついて隠れている奴もいる。いくら呼べども下りてこないため、ガソリンで家屋を焼く。火だるまとなって二～三人が飛んで出てきたのを突き殺す。暗い中にエイエイと気合いをかけて突く。逃げ行く奴を突く、銃殺してパンパンと撃ち、一時この付近を地獄のようにしてしまった。終わって並べた死体の中にガソリンをかけ火をつけて、火の中にまだ生きている奴が動くのをまた殺すのだ」【15】

第16師団歩兵第20連隊第4中隊の陣中日誌の十二月十四日の頁にも、「午前十時より（南京城内第二次掃蕩区域の掃蕩を実施す。敗残兵三二八名を銃殺し、埋葬す」【16】という記述があった。このように、南京城内に入った日本軍の各部隊は、私服を着た中国人を「敗残兵または便衣兵とみなす」との方針に従い、殺害していったのである。

【1】吉田裕『天皇の軍隊と南京事件』青木書店、44頁
【2】同、44頁
【3】同、92頁
【4】偕行社『南京戦史資料集Ⅰ』(増補改訂版)、217頁
【5】同、218頁
【6】同、220頁
【7】樋貝義治『戦記　甲府連隊』サンケイ新聞社、236頁
【8】同、236頁
【9】岡村俊彦「血と泥の野戦包帯所　第百一師団衛生隊　元軍医の手記」『中国』一九七一年九月号、徳間書店、56頁
【10】『天皇の軍隊と南京事件』、78頁
【11】井口和起、木坂順一郎、下里正樹編『南京事件　京都師団関係資料集』青木書店、220頁
【12】同、256頁
【13】『天皇の軍隊と南京事件』、127頁
【14】『南京戦史資料集Ⅰ』(増補改訂版)、370頁
【15】同、373頁
【16】同、505頁

中国人市民の大量殺害が発生するに至った経緯

◉――予想外の苦戦となった上海戦と日本軍兵士の軍規紊乱

ここで改めて、蘆溝橋事件から第二次上海事変、そして南京攻略戦に至る、日中戦争序盤の経過を、簡単に振り返ってみたい。

一九三七年七月七日の深夜、北平（現在の北京）郊外の蘆溝橋付近で演習を行っていた日本軍部隊が、何者かによる銃撃を受け、そのあと日中両軍の小規模な交戦が発生した。それからしばらくの間、現地では日中双方の代表による休戦協定と、それに違反する形での戦闘が繰り返されたが、日本側が当初「北支事変」と呼んだこの紛争は、七月の段階ではまだ、交渉による解決が可能なレベルに抑えられていた。

しかし、八月九日に発生した、中国側保安隊による日本軍人の殺害事件（大山事件）を機に、日本海軍の小部隊が駐留していた上海でも戦闘が発生すると、日本側は名称を「支那事変」と変え（閣議での改称は九月二日）、日中双方が互いに譲らないまま拡大した紛争は、ついに事実上の全面戦争へと発展した。ただし、戦争当事国となれば、米国などの中立国との貿易に支障が出るとの判断から、日中双方とも相手国への宣戦布告は行わなかった。

北平とその周辺地域における戦いは、日本に有利な形で進展していたため、日本軍の上層部は、上海付近の戦況も間もなく自軍の優位へと傾くだろうとの楽観的な見通しを立てていた。ところが、上海戦域に展開する中国軍の中には、ドイツの軍事顧問団による訓練を受けた精鋭部隊もおり、事前に構築した陣地や水壕（クリーク）などの地形を利用した頑強な抵抗で日本軍を苦しめ、日本兵の損害は鰻登りに増加した。

日本軍の公刊戦史『戦史叢書　支那事変陸軍作戦〈1〉』（朝雲新聞社）によれば、上海派遣軍（上海方面で戦う日本軍）が八月九日から十一月八日までの三か月間に被った戦死傷者の数は、約四万人に達したが、これは投入された全兵力の五分の一に相当する人数だった（387頁）。上海戦の凄まじさを雄弁に物語る数字である。

その後、十一月五日に上海南西の杭州湾に面した金山衛に、日本軍の新たな兵力（第10軍）が上陸し、内陸への侵攻を開始すると、上海周辺の中国軍は退路を断たれることを恐れて撤退を開始、それまで膠着していた上海方面の戦況は一挙に流動化した。

日本側は十一月七日、上海派遣軍と第10軍を統括する上級司令部として「中支那方面軍」司令部を創設し、それまで上海派遣軍を率いた松井石根大将を、同方面軍の司令官に昇格させた。そして、上海から南京に向かう追撃戦は、松井大将の指揮下で進められたが、この南京への進撃命令は、上海の死闘を生き延びた日本兵を大いに落胆させた。

とりわけ、中国との戦争が始まって急遽動員された特設師団（第13師団、第101師団など）の将校や下士官兵は、若者より一世代も二世代も上の、妻や子どもを持つ年齢層の予備役や後備役（いったん退役したあと再び動員された軍人）が多くを占めており、物陰で妻子の写真を見て故郷を想い、泣く者もいたという。

彼らは、上海での戦いが終われば帰国できるとの期待を抱いていたため、さらに奥地への進撃を命じられたことで、心理面のストレスは必然的に増大したのである。

◉——兵站の準備なしで場当たり的に進められた南京への進撃

そうした日本兵にさらに追い打ちをかけたのが、兵站（補給）の軽視という、大日本帝国陸軍が明治期から抱える組織上の問題だった。

上海での戦いが始まった当初、日本軍上層部は上海から内陸へと侵攻する計画は立てておらず、十一月五日の第10軍の金山衛上陸も、上海で抗戦を続ける中国軍部隊の背後を断つことが目的だった。だが、上海派遣軍司令官から中支那方面軍司令官に昇格した松井大将と、第10軍司令官の柳川平助中将は、自軍が決定的な勝利を得るには敵国の首都である南京を攻略するしかないと考えており、東京の陸軍参謀本部が二度にわたり現地に指示した「制令線」（進出限界線）は、前進を続ける部隊によってなし崩し的に破られた。

ところが、松井も柳川も、上海や金山衛から南京までの二八〇から三五〇キロの進撃を各部隊に行わせるのに足る「兵站」の準備については、ほとんど関心を示していなかった。その結果、前進する日本軍の各部隊に対する弾薬の補給は、破壊された鉄道の修復が進むまで、川の水運を利用して運ぶ綱渡りのような状態となり、兵士が日々口にする糧秣（食料と馬の飼料）については「現地徴発で対処せよ」との命令が下された。

第10軍司令部は、金山衛に上陸する半月前の十月二十日、陸軍参謀総長から「補給のため、軍は為し得る限り、現地物資を利用するものとす」との指示を受けていた。【17】

第10軍に所属する第6師団の部隊史は、十一月五日の金山衛上陸から十一月十五日までの「湖東会戦」における兵站の状況について、次のように説明している。

「弾薬は上陸のさい、とくに小行李弾薬を各自が携行して前進したため、安亭付近まで補給を受けることなく数次の戦闘を遂行することができたが、崑山付近（十一月十三日頃）でようやく不足を感じ、上海から補給を受けるに至った。

糧秣は、出発のとき携帯口糧（乾パン）を携行しただけで、その後補給はなく、初めのうちは地方物資によっていたが、蘇州河以北からは中国軍の掠奪がひどくて給養上困難を感じたことは再三にとどまらなかった」【18】

上海と金山衛から南京に向かう日本軍の各部隊は、進撃途上の村々で食糧の「徴発」を行い、正規の糧食補給の代わりとした。徴発（正式な呼称は「官憲徴発」）とは、食糧や衣服、生活用品などの必要物資の現地での取得を意味する用語で、規則としては取得内容の記録や代価の支払いが義務づけられていた。

だが、当時の日本兵が中国人の市民にスパイや便衣兵の疑いをかけて、強い警戒感と敵愾心を抱いていた事実を考えれば、部隊の補給状況などの軍事情報を中国側に漏らす形となる、物資と代価の「対等な取引」が常になされたとは考えにくい。

⊙――日本軍進撃路の店舗で繰り広げられた「徴発」の実態

前記した第16師団の上等兵が陣中日記をもとに一九四一年に書き記した手記には、彼が一九三七年十月初頭にある町で経験した「徴発」と称される行動の実態が、こう記されていた。

「その店は城外にあった。そこで驚くべきことを発見した。多くの兵士たちが、商品をひっかきまわして掠奪していた。商店の主人や番頭たちは、ただ呆然と入口の隅に立って眺めていて、悲痛な面持ちであった。（略）

軽率な私は、――戦勝国側の権利だ――と、私もまたひっかきまわし出した」【19】

彼は店内で、砂糖、干しぶどう、たばこ、餅米、メリケン粉、毛皮の手袋など、持ちきれないほどの物品を抱え、仲間の兵士に続いて店を出ようとしたところ、大隊本部の経理部の下士官に見つかってしまう。

「『金は払ったのか。払ってなければいくらでもいいから支払え。』

私は懐中から十銭玉を一つ出して、店員に渡した。店員は腹が立っていたのだろう、その十銭を突き返してきた。が、私はまた店員の手に握らせて飛んで出た。（略）あちらにもこちらにも掠奪品の処分に大わらわの歓声をあげている。（略）我々はこう言った。『掠奪ではない、徴発だ。戦勝兵当然の必要なる徴発だ。』何かしら掠奪という言葉は心暗い思いがして、徴発だ、という言葉を使うと罪悪を感じないのだ」【20】

十銭という金額は、当時の価値でようかん一本程度の値段でしかない。

その後、第16師団司令部は掠奪の禁止を所属部隊に通達したが、前線では食糧の補給状況次第で掠奪が黙認される事例がひんぱんに発生した。

また、後方参謀の少佐が書き記した陣中日記の十二月一日の頁には、トラックで近隣の村へ食糧の徴発に向かう様子が、次のように記されていた。

「午後二時常州を自動貨車にて立ち、行軍部隊を追い越して奔牛鎮に至る。物資徴発のため、部落内をあさる。米八百俵、小麦一千俵、砂糖百俵、小蒸気二杯等々、徴発は実に面白い」【21】

実に面白い、という少佐の言葉は、この行動が事務的な官憲徴発ではなかった事実を示唆している。こうした物資の掠奪は、南京攻略という軍事作戦に「南京一番乗り」をめぐる部隊間の競争という「功名争い」の側面が加味されたことで、より激しさを増していった。

上海派遣軍と第10軍の指揮下にある各師団が、十分な食糧の補給も与えられないまま、競走馬のように「南京一番乗りの栄誉」を競わされた結果、各部隊は無理な行軍を進めるため、掠奪を行って進撃速度を維持するしかない状況に置かれ続けたのである。

◉——口減らしとしての「捕虜の殺害」と「掠奪・強姦の証拠隠滅」

また、「徴発」した米などの食糧を運搬させるために、中国兵の捕虜を荷役夫として使うことも行われた。第13師団所属の輜重兵は、戦後の手記でこう書き記している。

「無錫市から揚子江岸の江陰城に向かって進撃したのは十二月初旬のことです。この頃から戦況はようやく我が軍の有利に展開され、捕虜の数もとみに増えてきました。彼らを使役する味をおぼえた私たちは、思う存分に使い果たしてから、次々捕虜を殺しては進撃しました」【22】

先に触れた通り、日本軍は上海戦の段階から早くも「捕虜の殺害」を行っていたが、食糧の補給がない状況下では、投降した中国兵を捕虜として帯同せず、その場で殺害する動機がさらに高まった。ただでさえ、戦闘と前進に加えて食糧徴発という余計な負担を課せられた日本兵にとって、捕虜は限られた食糧を減らす邪魔な存在だったからである。

第11師団歩兵第12連隊第3大隊所属の伍長は、上海から南京へ進撃した際の実情を戦後に著した戦記で、当時の日本兵の捕虜に対する認識を、正直に書いている。

「戦時国際公法では捕虜は殺すどころか、虐待してもいけないことになっているが、われわれ兵隊はそんなことはまったく教えてもらえなかった」【23】

また、徴発という体裁で行われた物資の掠奪に加えて、日本軍の進撃途上の村々では、現地の中国人女性に対する強姦事件が多発した。第10軍の法務部陣中日誌（『続・現代史資料（6）軍事警察　憲兵と軍法会議』みすず書房に収録）には、前進部隊の兵士による殺人、掠奪、強姦、放火などの憲兵による取り締まりと軍法会議の記録が数多く列挙されているが、それでも第10軍全体として見れば、記録に残る事例は氷山の一角に過ぎなかった。

憲兵とは、日本軍においては陸軍の一組織で、戦場や占領地域での警察任務を通常の警察に代わって行うことをその職務とする部隊のことである。

こうした犯罪行為（戦地と占領地での掠奪とそれに関わる強姦を禁じる陸軍刑法第八六条違反）が頻繁に発生していた事実は、日本軍の上級司令部も当然把握しており、第10軍司令官の柳川中将は十一月七日、「最も忌むべき婦女暴行、金品強奪の犯行は二、三にとどまらずという」「隷下将兵は自省自戒し、軍紀厳正」「各々その任務に邁進せよ」との訓示を行った。【24】

だが、現実には野戦部隊に対する憲兵の数が絶対的に不足していた（第10軍の場合、兵力二〇万人に対し、憲兵は一〇〇人）上、兵士の側も憲兵に摘発されないための「自衛手段」を講じていたため、市民の殺害や強姦、掠奪は南京陥落後もしばらく続いた。

摘発されないための自衛手段とは、証拠隠滅のための被害者の殺害である。

第10軍のある部隊に所属して金山衛から南京への進撃に参加したある兵士は、戦後の回想として、敗残兵や便衣兵と見分けのつかない中国人市民の日常的な殺害や、日本兵による強姦、その被害者となった女性の殺害などについて、次のように述べている。

「殺されたのは男だけじゃない。女子供もいた。子供だって十歳ぐらいのまでいた。文字通りの虐殺ですよ。殺された人間がゲリラであったかどうかはわからない。良民（便衣兵でない善良な市民）であるかないかを見分ける時だって、なんの根拠があったわけではない。言葉が通じないんだから、はっきりしたことが分かるわけがない。（略）
強姦事件のことも噂じゃない、実際にあったことだ。（南京）占領直後はメチャクチャだった。杭州湾上がってから、それこそ女っ気なしだからね。兵隊は若い者ばっかりだし……上の者が言っていたのは、そういうことをやったら、その場で女は殺しちゃえと。
剣で突いたり銃で撃ったりしてはいかん、殴り殺せということだった。誰がやったのか分からなくするためだったんだと思う。そりゃあ、強姦、強盗（掠奪）は軍法会議なんだ。けど、一線部隊の時は大目に見ちゃうんだなあ」【25】

【17】『天皇の軍隊と南京事件』、76頁
【18】『熊本兵団戦史　支那事変編』熊本日日新聞社、100頁
【19】『南京事件　京都師団関係資料集』、213頁
【20】同上、213頁
【21】『南京戦史資料集Ⅰ』（増補改訂版）、309頁
【22】藤原審爾『みんなが知っている』春陽堂、23頁
【23】三好捷三『上海敵前上陸』図書出版社、161頁
【24】『天皇の軍隊と南京事件』、89-90頁
【25】岡本健三「杭州湾敵前上陸に参加して」『中国』一九七一年八月号、徳間書店、40頁

中国人市民の大量殺害は軍事行動として正当化できるか

◉――市民と捕虜の虐殺と女性の強姦、掠奪の総称としての「南京事件」

日本軍部隊が、南京攻略戦において、大勢の市民を殺害し、女性を強姦した事実は、当時中国にいた外国特派員によって世界中に報じられた。

一九三七年十二月十八日付の米紙ニューヨーク・タイムズは、十二月十三日の南京陥落を現地で目撃した特派員が上海沖の米軍艦から送信した記事を、第一報として掲載した。

「日本軍が(南京を)占領してから三日の間に(市内の秩序が回復するのではないかという)事態の見通しは一変した。大規模な掠奪・婦女の暴行・一般市民の虐殺・自宅からの追い立て・捕虜の集団処刑・成年男子の強制連行が、南京を恐怖の町と化してしまった。

一般市民の殺害が拡大された。十五日、市内をひろく巡回した外国人は、あらゆる街路上で市民の死体を見た。犠牲者のうちには、老人や婦人や子供もあった」【26】

外国特派員は、日本軍が南京市内で繰り広げた市民や捕虜の大量殺害と、婦女子に対する強姦、物品の掠奪と建造物への放火などの総称として「ナンジン(またはナンキン)・アトロシティーズ」、つまり「南京での残虐行為(の数々)」という言葉を用いた。現在の日本でも、これらの出来事の総称として「南京事件」という語句が用いられる。

その後、各国のメディアも南京で起きた出来事を報道したが、日本だけは報道が軍の厳しい検閲下に置かれていたため、一般の日本国民は、日本軍が南京およびそこに至る進撃路で引き起こした非人道的な出来事についての情報を、何も知らされなかった。日本国民がこれらの出来事を知ったのは、敗戦後のGHQ統治下でのことである。

当時の日本軍人は、こうした非人道的な行為を行うに当たり、どんな価値判断基準で倫理上の問題、つまり罪悪感を迂回していたのだろうか。

満洲事変から二年後の一九三三年一月、日本陸軍の歩兵学校は、満洲での戦闘経験を踏まえ、『対支那軍戦闘法の研究』と題した対中国軍戦闘法教育の参考書を作成した。

同書の「捕虜の取扱」という項目には「支那人は戸籍法が完全でないだけでなく、特に兵員は浮浪者が多く、その存在を確認できるものが少ないゆえ、仮にこれを殺害または他の地方に放っても、世間的に問題となることなし」という記述が含まれていた。【27】

つまり、一九三〇年代の日本軍は、国際法違反となる捕虜の殺害を表向きには認めていなかったが、内部の教育では「中国における戸籍制度の不完全さ」などを理由に、捕虜の殺害も場合によっては許すかのような考え方を植え付けていた。こうした教育内容が、中国人市民の人命に対する日本軍人の倫理観をも歪めていた可能性は無視できない。

⦿──「殺されたのは便衣兵だから問題ない」という殺害擁護論は成立するか

当時の日本軍の命令書や戦闘詳報、兵士の日記などを見ると、「敗残兵」や「便衣兵」という言葉が、何の留保もなく、つまり説明不要な語句として用いられていることに気付くが、当時とは違う価値観の社会に生きる日本人は、そこに注意を払う必要がある。

なぜなら、そこにある「兵」という文字を見て、相手が「兵」なら日本兵が大量に殺害したとしてもやむを得ないのではないか、正当防衛では、との印象を受けるからである。実際、戦後の日本ではそのような観点から、日本軍による「虐殺」を否定する人間が少なからず存在している。通常の戦闘行為の延長で「やむを得ず起きたこと」なのだから、人道的犯罪としての虐殺ではない、という論法である。

だが、そもそも、殺された中国人は本当に「兵」と呼ぶべき対象であったのか？

敗残兵や便衣兵（便衣隊）とは、私服を着た中国人の中に、いまだ日本兵に危害を加える意図を捨てていない「戦闘員」が混じっている、という主観的判断に基づく認識に過ぎず、裁判や自白などで戦意を確認した上で、そう呼んだのではない。ある中国人青年が、敗残兵や便衣兵であるか否かは、ほとんどの場合、前線の兵士やその上官の断定によったが、その判断基準は、目つきや体格、靴下の清潔さなど、きわめて安易なものだった。

「我が第一線部隊の眼には、すでに便衣隊と農民の区別はすぐ見分けられるようになってきた。『なあに、第一目つきが違うよ。ギロリとうさん臭い目玉を光らせて、身体もどことなくガッシリしており、靴下が少々気がきいているところが臭い。兵隊のくせに便衣などを身にまとっている卑怯な奴だから、少々おどおどしているところもある。そんな奴は容赦なくやっつけるんだ』」(一九三七年八月九日付の大阪朝日新聞夕刊二面)

この他にも、額や足の日焼け、手のたこを「軍服着用や銃器携帯の痕跡」と見なして便衣兵と決めつけた事例も、兵士の日記などで数多く記録されている。

だが、銃などの武器を携帯しない状態の人間を、戦闘員つまり「兵」と呼ぶのは無理がある。便衣兵とは本来、私服で銃や爆発物などを用いて戦闘や軍事行動を行う人間(いわゆるゲリラ)を指す用語であり、軍組織に所属せず、武装も戦闘もしていない状態の私服の人間は「兵」という定義には該当しない。

そして、私服を着た怪しい者を「便衣兵」と主観的かつ一方的に断定して殺害することを、正当な行動と認める国際法は、当時も今も存在しない。

もしそんな行動を認めてしまえば、嫌疑をかけた一般市民を「予防措置」として殺害する事例が、際限なく行われることは確実だからである。

⊙——兵士の日記で使われる「処理」「処置」「処断」という言葉

第16師団歩兵第30旅団長として南京攻略戦に従軍した佐々木到一少将(先に紹介した中島今朝吾中将の日記にある「佐々木部隊」の指揮官)は、南京戦から二年後の一九三九年に著した手記の中で、進撃中にある民家で起きた出来事をこう記している。
「付近の農家を物色する。すると必ず便衣の敗残兵が潜伏している。たいていは一時呆然として降伏もしなければ抵抗もしないものである。しかし問答や憐憫はこの場合絶対に禁物である。とっさの間に銃剣か弾丸がすべてを解決する」【28】

佐々木は、農家にいる私服の中国人が目に入った途端に「便衣の敗残兵」と断定し、即座に殺害したことを当然のように書いているが、普通の農民であった場合も、いきなり日本兵が自宅に踏み込んでくれば、その意味を理解できず「一時呆然として降伏もしなければ抵抗もしない」態度をとる可能性は否定できない。「問答」つまり尋問も何もせず、目の前の中国人を主観だけで「便衣の敗残兵」と決めつけて殺す事例が日常茶飯事のごとく起きていたことを、佐々木の手記は示唆している。

また、当時の戦争における各種の法規を定めた国際条約「ハーグ陸戦条約」（日本は一九〇七年に調印、一九一二年に批准）では、第一章「害敵手段、攻囲、砲撃」の第二十三条で「特別の条約により規定された禁止事項のほか、以下の行為を特に禁止する」として八項目を列挙しているが、その三番目に「兵器を捨て、または自衛手段が尽きて降伏を乞う敵兵を殺傷すること」という文面がある。仮に敗残兵や便衣兵を「兵」と見なすとしても、「兵器を捨て、または自衛手段が尽きて降伏を乞う敵兵」に該当することになり、ただちに殺害してもよいという結論はまったく成立しない。

そして、第二章「間諜」の第三十条には「間諜の現行犯は裁判を経て罰しなければならない」とあり、日本軍が上海から南京への進撃過程で行ったような、老婆や子どもまでをも「間諜の疑い」で裁判を経ず殺害した事例も、この条項からの逸脱になる。

日本軍の命令書や戦闘詳報、兵士の日記で使われる「処理」「処置」「処断」という言葉も、実際の意味は「処刑」や「殺害」であり、こうした言い替えをすること自体、罪の意識や良心の呵責を実行者が薄々感じていた事実を物語っているとも言える。

◉――複合的理由で発生した市民殺害の「集大成」としての南京虐殺事件

以上のように、一九三七年の八月から十二月にかけて、日本軍が上海から南京へと進撃する過程で行った中国人市民の大規模な殺害は、言葉の通じない外国の市民を「敵の協力者・間諜・便衣兵」と疑い怖れる疑心暗鬼、上海戦での予想外の人的損害で生じた中国人への復讐心、上海戦の終了後に帰国できるとの期待を裏切られた失望と自暴自棄、進撃速度を維持するための掠奪と憲兵の訴追を免れるための証拠隠滅、急遽決定した「司令官の南京入城式」に備えた南京城内の安全確保など、さまざまな理由によって行われた。

そして、本書でそのごく一部を紹介したように、軍の上級司令部と各部隊の指揮官が下した命令や通達も、市民の殺害行為を是認あるいは推奨する効果を生んでいた。

もちろん、そうした市民の殺害に憤りを覚える日本兵が存在しなかったわけではない。

第16師団後方参謀の少佐（前出と同一人物）は、陣中日記の一九三八年一月十五日（南京陥落から約一か月後）の頁に、日本軍憲兵による中国人市民の殺害を示唆する記述と共に、自分が心に抱いた感情を率直に書き記している。

「師団査問委員と、憲兵分隊との間の事件を聞く。憲兵分隊の処置は、穏当でないと思う。統帥侵害であると共に、すべて違法である。（略）橘通訳が女の児二人を連れてきた。憲兵との問題につき、その生命を保護するためだという。僕は憲兵というものに対し、いまだかつて悪い感じを持ったことはないが、今度の事件に関する限り、極度の憎悪を感じる。国軍の名誉を、南京の軍紀を、失墜したるものは誰か。この可憐なる女児の生命まで奪わんとする。強い義憤を覚えざるを得ない」【29】

日本軍が南京で行った大規模な虐殺については、日本では被害者の数字に大きな焦点が当てられる場合が多く見られるが、本章で述べたように、その発生は諸々の原因が積み重ねられた末に生じた「必然」とも言えるもので、被害者数の推測に大きな比重を置くことは、発生原因となる構造や、出来事の全体像の理解を妨げる効果をもたらす。

偕行社が『南京戦史』で認めているように、南京攻略戦の時期を扱う軍の公文書の多くは敗戦時に焼却されている上、前掲の『対支那軍戦闘法の研究』でも指摘された通り、当時の中国では戸籍記録に不備があり、被害者数の特定は事実上不可能と言える。『南京戦史』に記された、日本軍人に殺害された中国人市民の人数（一万五七六〇人）も、廃棄された公文書や、いまだ公表されていない兵士の日記、そして記録に残らない形で闇へ葬られた事例を含まないもので、あくまで「氷山の一角」でしかない。

また、本書のテーマからは外れるが、食糧の兵站（補給）準備なしに実行した上海と金山衛から南京への大規模な進撃が、現地徴発という緊急手段に頼る形で日本軍の大勝利に終わったことで、兵站問題についての一つの成功体験が生まれた。そして、太平洋戦争でも、同様に兵站を軽視した、あるいは真剣に考慮しない軍事作戦が多数実行された。

その結果、食糧を現地で徴発できる村がほとんど無い、ガダルカナル島やニューギニア島、フィリピンなどでも、同様の場当たり的な進撃や戦闘の継続を部隊に要求する命令が下された。こうした命令により、厖大な数の日本兵が、敵と戦わずして飢餓や病気で衰弱し、餓死していったのである。戦時中は中国戦線に従軍した歴史家・藤原彰の実証的研究によれば、太平洋戦争における日本軍の戦没軍人の実に六割が、敵との交戦による戦死ではなく、食糧の欠乏による餓死や衰弱死であったという（『餓死する英霊たち』）。

人命を軽視する軍事行動が常態化した組織は、自軍の兵士の生命をも軽視する陥穽に、その重大さを自覚しないまま、転落していったのである。

【26】洞富雄編『日中戦争史資料9　南京事件Ⅱ』河出書房新社、280頁
【27】『天皇の軍隊と南京事件』、45頁
【28】佐々木到一『ある軍人の自伝（増補版）』勁草書房、269頁
【29】『南京戦史資料集Ⅰ』（増補改訂版）、325頁

ルポ

上海・南京

中国

日本から上海までは、主要都市からの直行便が飛んでおり、ＬＣＣの便数も多い。ただし、日本と南京を結ぶ航空便はわずかで、南京へ行くには上海から片道一時間半から二時間前後（列車によって違う）の高速鉄道を使うのが合理的だろう。日中戦争初年の一九三七年に激戦が繰り広げられた上海は、新たな地下鉄の路線が生き物のように拡張を続けており、高層ビルが林立する中国有数の近代都市となっている。歴史的建造物の保存にも力が注がれ、第二次上海事変で中国国民軍が籠城した四行倉庫と呼ばれる建物内には、当時の戦闘を再現する博物館が開設されている。また、日本軍が最初の上陸を行った淞沪にも、日中戦争に関連する記念館がある。

一方、南京には日本軍による中国人虐殺の犠牲者を追悼する博物館「侵華日軍南京大屠殺遭難同胞記念館」があり、一九八五年八月十五日の開館以来、愛国主義教育の施設としても使用されている。この施設は、地下鉄二号線の雲錦路駅から歩いてすぐの場所にあるが、現在の南京市内は城壁に囲まれた旧南京城内も含めて都市の近代化と高層ビルの建設が進んでおり、通りを歩きながら、かつての

◉南京の「侵華日軍南京大屠殺遭難同胞記念館」

街並みをイメージすることは難しい。

日本軍による中国兵捕虜の大量殺害が行われた、市北部の幕府山の下をはじめ、市内のいくつかの場所には「侵華日軍南京大屠殺」の犠牲者を慰霊する「同胞記念碑」が建てられている。説明文は中国語のみで、日本人がそこを訪れても、中国語が理解できなければ記された漢字から意味を類推するしかなく、説明内容を正確に理解することはできない。

一九三七年の南京では、日本軍によって殺害された中国人の死体の多くが長江に流されたことが、日本軍人の日記や手記にも記されている。河原に立つと、段差の起伏にさまざまなゴミが流れ着いているのが目に入るが、当時も多くの死体が浅瀬に漂着して、腐敗臭を放っていたという。

本文で述べた通り、上海から南京への進撃過程で起きた日本軍人による市民の殺害は、さまざまな場所で散発的に発生した出来事であり、個々の事件が起きた場所を正確に特定することは難しい。また、日中戦争当時の中国政府は、現在の中華人民共和国（共産党）ではなく、のちに台湾へと逃れた蔣介石の中華民国（国民党）である事実も、歴史の継承という側面を複雑にしている。

南京市内には、かつて国民党の本部が置かれていた「総統府」が、南京および中国の歴史博物館や庭園を併設する形で一般公開されており、かつての都で中国文化の中心地でもあった南京の歴史を深く味わうことができる。

南京城のシンボルでもある城壁と城門のうち、南京攻略戦の激戦地だった光華門は撤去されたが、中山門や中華門、挹江門などは今も残り、高い城壁に残されたいくつもの弾痕は、日中戦争で日本軍人が確かにこの場所に来た事実を示している。

◉南京の幕府山の麓に立つ虐殺犠牲者の記念碑

第三章

アウシュヴィッツ

ポーランド

――人間の尊厳を否定された市民

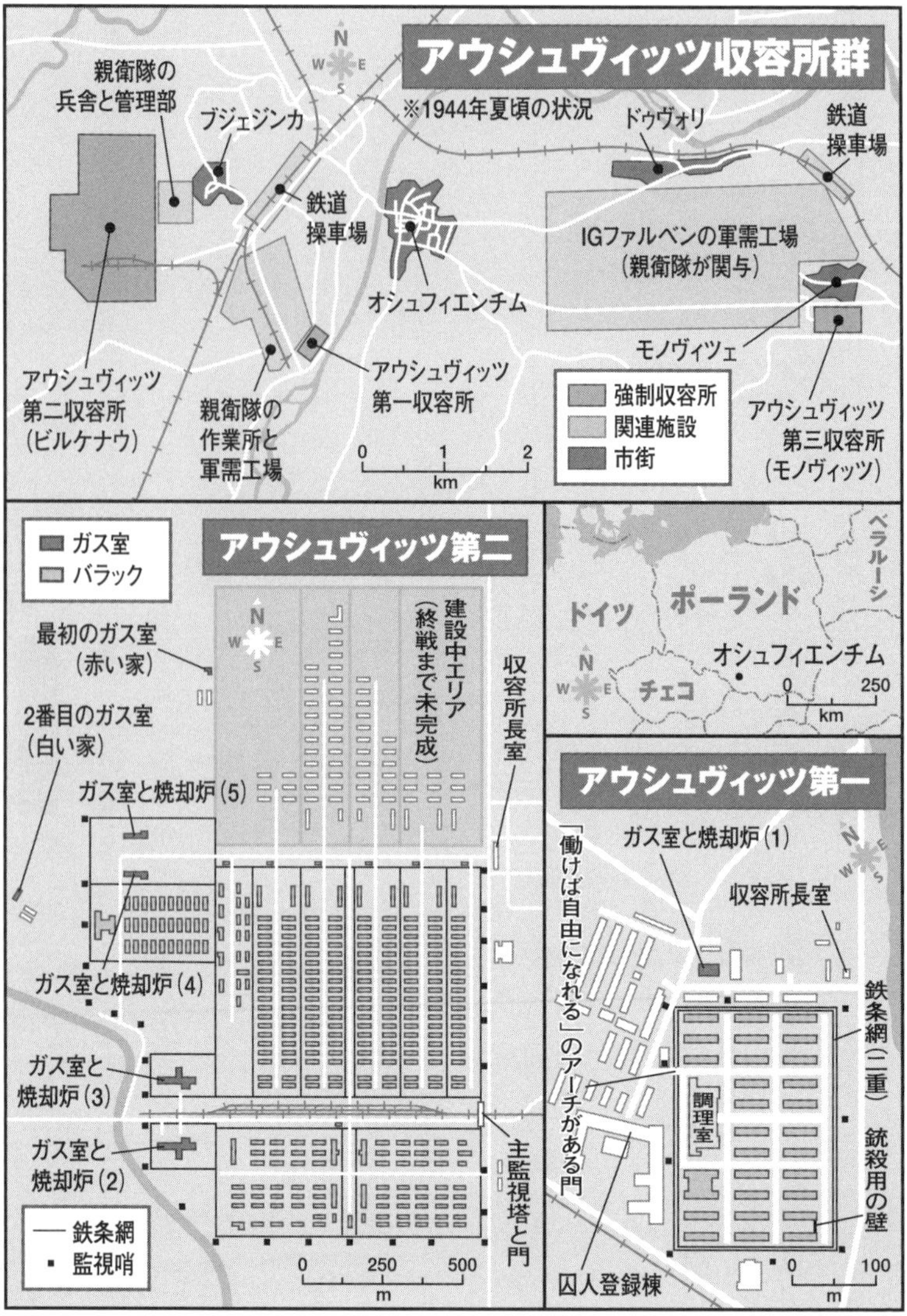

アウシュヴィッツ収容所群
※1944年夏頃の状況
親衛隊の兵舎と管理部
ブジェジンカ
鉄道操車場
オシュフィエンチム
ドゥヴォリ
鉄道操車場
IGファルベンの軍需工場（親衛隊が関与）
モノヴィツェ
アウシュヴィッツ第二収容所（ビルケナウ）
親衛隊の作業所と軍需工場
アウシュヴィッツ第一収容所
アウシュヴィッツ第三収容所（モノヴィッツ）
強制収容所
関連施設
市街
0 1 2 km
アウシュヴィッツ第二
ガス室
バラック
最初のガス室（赤い家）
2番目のガス室（白い家）
建設中エリア（終戦まで未完成）
収容所長室
ガス室と焼却炉（5）
ガス室と焼却炉（4）
ガス室と焼却炉（3）
ガス室と焼却炉（2）
主監視塔と門
鉄条網
監視哨
0 250 500 m
ドイツ
ポーランド
ベラルーシ
チェコ
オシュフィエンチム
0 250 km
アウシュヴィッツ第一
ガス室と焼却炉（1）
収容所長室
「働けば自由になれる」のアーチがある門
調理室
鉄条網（二重）
銃殺用の壁
囚人登録棟
0 100 m

◉——「ホロコースト」の代名詞となった絶滅収容所

ポーランド南部の古都クラクフから西に約五〇キロ、車で一時間ほどの場所に、オシュフィエンチムという場所がある。この地名を聞いたことがないという日本人でも、第二次世界大戦中に同地を併合したドイツ人が用いた、ドイツ式の呼称は知っているはずだ。

アウシュヴィッツ。

強制収容所のアーチ型ゲートに示された「アルバイト・マハト・フライ(働けば自由になれる)」という文字。脱走を阻むために、何重にも張り巡らされた高圧電流の流れる鉄条網。家畜小屋のような木造のバラック。子どもや老人を含むユダヤ人を満載した貨車を敷地内に運んだ鉄道の引き込み線。そして、大量虐殺の現場となったガス室の跡地。

同地は現在、ナチス・ドイツの行ったユダヤ人大量虐殺の記憶を風化させないための博物館として無料公開され、世界中から多くの見学者がここを訪れている。アウシュヴィッツの収容所跡は、ポーランド軍の兵舎を流用したレンガ造りの「第一」(「働けば自由になれる」の文字が記されたアーチ型ゲートのある場所)と、そこから約二キロ北西の、より広大な敷地を持つ「第二」(鉄道引き込み線のある場所)から成り、後者は「ビルケナウ収容所」とも呼ばれる。

また、第一の施設から五キロほど東にある広い敷地には、当時ドイツ最大の化学企業コンツェルンとして軍需経済の基幹を担った「IGファルベン」の関連工場群(IGブナ)と、そこで強制労働させられるユダヤ人の強制収容所(アウシュヴィッツ第三)が存在していた(現在は、後者は保存されておらず、前者の跡地は今も工業地帯として稼働中)。

世界中の歴史家が積み重ねてきた実証的研究によれば、独裁者アドルフ・ヒトラーの君臨したナチス・ドイツによって殺害されたユダヤ人市民の数は、概算で五八〇〇万人から六〇〇〇万人で、そのうちの一〇〇〇万から一五〇〇万人が、このアウシュヴィッツの二つの収容所で命を絶たれたと考えられている。

これほど多くの市民をわずか数年間で殺害した主体は、ナチ党(正式名称は国家社会主義ドイツ労働者党)の行政機構である「親衛隊(SS=シュッツ・シュタッフェル)」と呼ばれる組織だった。親衛隊は、当時のドイツ正規軍である国防軍(ヴェーアマハト)とは基本的に別の指揮系統に属し、戦闘部隊として戦う武装親衛隊(ヴァッフェンSS)以外の一般親衛隊(アルゲマイネSS)は、組織形態の区分としては「文民」だった。

しかし、占領地の治安維持に加え、ドイツによる第二次世界大戦期の戦争遂行と完全にリンクする形で、厖大な数の市民を組織的に殺害した事実を考慮して、本書では一般親衛隊の組織についても「軍に準ずる組織」と見なし、彼らがどんな動機に基づき、いかなる手法を用いて、ユダヤ人の強制収容と大量虐殺を段階的に遂行していったのかを、俯瞰的に捉え直すことにする(以下、親衛隊をSSと表記)。

【市民殺害の情景】アウシュヴィッツ強制収容所で何が行われたのか

◎――家畜のように貨車で運ばれてきたユダヤ人

第二次世界大戦の序盤におけるドイツ軍の優位が揺らぎ、独ソ戦（ドイツの対ソ戦争）が長期化の様相を呈していた一九四二年の春から夏にかけての時期、アウシュヴィッツ第二（ビルケナウ）収容所付近では、こんな光景が日常となっていた。

近隣の本線に繋がる鉄道の分岐線に、大量の貨車を連ねた蒸気機関車が、煙を吐きながら姿を現した。列車は次第に速度を落とし、ゆっくりと停車する。線路脇の降車場では、制服を着たＳＳ隊員と、その手下として雑務をさせられている、四人服姿のユダヤ人被収容者から成る特務作業員（ゾンダーコマンド）が、列車の到着を待ち受けていた。

ＳＳ隊員の発する鋭い指示の叫び声と共に、長々と連結された貨車の施錠が外から解かれ、扉が開くと、狭い箱の中に家畜のように押し込められていたユダヤ人の市民が、次々と地面に降ろされる。故郷を追われた女性と子ども、老人を含む市民たちは、別の場所に移住させると聞かされており、子どものいない大人は、持ち運び可能な全財産を詰め込んだかばんの持ち手を握り締めていた。

運ばれてきたユダヤ人市民が全員貨車から降りたと確認されると、SS将校は不安げな表情の彼らをリラックスさせるように、どこから来たのか、職業は何か、などの世間話をする。そして、銃を持ったSS隊員と特務作業員は、ユダヤ人たちを整列させ、収容所の敷地内へと歩かせた（写真などで有名な、監視用建物の真ん中を通って敷地内へと伸びる鉄道の引き込み線が完成するのは、この二年後の一九四四年五月）。

広々とした敷地に入り、歩きながら周囲を見渡すと、同じ形をした木造のバラックが、視界を埋め尽くすほどの規模で立ち並んでいる。ここは一体、どこなのか。あのバラックが、自分たちの「移住先」なのか。それとも、一時的に滞在するだけの中継地点にすぎないのか。集団がある場所に差しかかると、SS隊員と特務作業員は彼らに停止を命じて一列に並ばせ、SSの制服を着た医師の前へと歩かせた。

一人一人の顔を機械的に一瞥した医師は、メトロノームのような無駄のない動きで指先を右か左に振り、ユダヤ人の市民はその指示に従う形で、二つのグループに分けられた。

人々から見て右側に集められた人々は、名前や住所、職業、外国語能力などを書類に記載したあと、持ち込んだ財産をすべて没収され、衛生のために頭髪を刈られて体毛も剃られ、集団でシャワーを浴びた。それから、縦縞の囚人服を着て、正面と真横、斜めの三方向から顔写真を撮影され、腕に固有の囚人番号を刺青で彫られ、電流の流れる二重の鉄条網で囲まれた、強制労働の人員を収容するバラックで暮らすこととなった。

このグループに選別される割合は、毎回違ったが、全体の一割から三割程度だった。

一方、左側に進むよう指示された人々は、離れた場所にある農家のような建物へとさらに歩かされ、男性と女性を別々にして服を脱ぐよう命じられた。そして、ユダヤ人の特務作業員から「これより別室でシャワーを浴びて身体を洗ったあと、消毒を行うので、脱いだ服は自分のものとすぐわかるよう覚えておくように」と説明された。指示に従わない者がいれば、特務作業員がおだやかな口調で説得し、納得させた。

このグループに選別された人々に対しては、名前や住所を書類に記載する作業が省かれる場合が多く、いつ誰がそこにいたのかを文書で特定することは困難だった。

⊙──浴室に見せかけたガス室で繰り広げられた惨劇

農家でシャワーを浴びるようにと指示された時点で、何かおかしい、と直感的に気づく者もいた。恐怖で我を忘れて騒ぎ出す者がいれば、SS隊員が建物の裏手に連れ出し、すぐに射殺した。母親は、子どもたちの不安を取り除くために、そして自分の脳裏に湧き起こる動揺を鎮めるために、我が子にやさしく語りかけて、あやした。

そして、まず子どもを連れた女性のグループが、それが終わると次に男性たちが、全裸のまま、換気口や水道の栓が配置された浴室のような部屋へと入らされた。

あるグループの全員が部屋に入ると、ビンにふたをするように扉が閉められてネジで密封され、消毒員と呼ばれる収容所の職員が、天井の穴から顆粒状の物質――チクロンBをすばやく投入する。この物質の取り扱い訓練を受けた消毒員たちは、自分の身を守るために、ガスマスクで顔を覆っていた。

SS将校らが覗き窓から部屋の中を見ると、物質が投入された穴に近い場所にいる三分の一ほどの人間が、すぐに倒れ込んだ。残った者は、異変に気づき、悲鳴やうめき声をあげながら逃げ場を求め、のたうちまわる。しかし数分後には、ほとんどの人間は失神して動かなくなり、二〇分が経過する頃にはガス室の中を完全な沈黙が支配した。

体力の弱い子どもや老人は、健康な大人よりも早く気を失い、間もなく死亡したが、その違いは数分から十数分に過ぎなかった。チクロンBの発する致死性の青酸ガスから逃れられる者は、密閉されたガス室の中には一人もいなかった。

物質の投入から三〇分後、浴室に見せかけたガス室の換気装置が作動し、扉が開かれ、折り重なるように床を覆う死体の運び出しが始まった。この作業は、ユダヤ人の特務作業員に課せられた仕事だった。彼らはまず、死体からペンチで金歯を抜き取り、女性の長い髪を資材として使うために刈り取ったのち、乱雑にトロッコへと積み上げ、人目に触れないよう注意しながら、収容所の敷地内にある処分場所へと運んだ。

最初のうち、大量の死体は敷地の端に掘られた穴へと無造作に投げ込まれた。だが、腐乱した死体の不衛生さと、人骨から死者の数を特定されてしまう可能性への危惧、そして穴の寸法による処理能力の限界などの理由により、途中から穴の近くにある開けた野原で焼却する方針に切り替えられた。殺害されたばかりのユダヤ人だけでなく、大量のウジが湧いたユダヤ人の死体が掘り返され、改めて炎の中へと投げ込まれた。

ところが、この方法もすぐに新たな問題に突き当たった。油をかけて焼いても、燃え尽きて灰になるまで時間がかかる上、悪臭が周辺地域に拡散して住民の間で噂が広まり、軍からも夜間に行われる焼却の炎が防空に差し支えるとして抗議が来たのである。そこで、一九四二年の冬から一九四三年の春にかけて、死体処理用の焼却施設（クレマトリウム＝火葬場）が、ガス室を併設する形で次々と建設された。

この焼却施設は、それぞれが三室に分かれた焼却炉を五基有しており、一つの焼却施設で二四時間以内に二〇〇〇人の死体を灰にすることができた。地下のガス室で殺害されたユダヤ人の死体は、そのまま階上の焼却炉へと昇降機で移送され、焼却炉から取り出された遺骨は粉砕されて、遺灰と共にトラックで近隣の川へと運ばれた。そして、スコップで乱暴に川面へと投げ込まれ、大量殺害の証拠隠滅が図られた。

このようにして、アウシュヴィッツ第二収容所では連日、事実上の「死の工場」がフル稼働し、いかに少ない時間と労力とコスト（費用）で大勢のユダヤ人を殺害できるかという観点から、焼却施設の増設や、各行程の「効率化」が進められていったのである。

アウシュヴィッツ強制収容所の創設と拡張

⊙——アウシュヴィッツ収容所群はどのようにして生まれたか

アウシュヴィッツの強制（絶滅）収容所群で実行された、ユダヤ人の計画的な殺害作業は、巨大な「システム」としてのユダヤ人大量虐殺の一部でしかない。だが、それは最も重要な一部であり、後世の人間が「ホロコースト（元々はユダヤ教の儀式における生け贄を指すギリシャ語《ホロカウストン》、のちに大規模な破壊や大虐殺を意味する語句となる）」と呼ぶ非人道的な行為の数々を凝縮した場所であったと言える。

だが、第二次世界大戦が始まるまで、アウシュヴィッツに強制収容所はなかった。

アウシュヴィッツ第一と呼ばれることになる施設が、ポーランド軍砲兵隊の兵舎を転用する形で、ポーランド人の捕虜や「政治囚」の集中収容所（コンツェントラチオンスラーゲル、KLまたはKZと略）として開設されたのは、ドイツ軍が一九三九年九月にポーランドを占領してから八か月後の、一九四〇年五月二十日だった。

ここで言う「ポーランド人の政治囚」とは、戦争前にポーランドの国内法を犯した人間ではなく、ポーランドの統治者となったドイツ当局から見た「円滑な統治を阻害する可能性のある危険分子」のことで、大学教授やジャーナリスト、医師、カトリックの聖職者などの「知識人」が含まれていた。

南部の古都クラクフには、一三六四年に設立されたヤギエウォ大学というスラブ圏で最古の大学が存在したが、ナチスの振りかざす論理や大義名分の欺瞞性を見抜く能力を備えた知識人たちは、統治の邪魔になるとして収監され、その多くはのちに殺害された。

ルドルフ・ヘースSS大尉（ナチス・ドイツの副総統ルドルフ・ヘスとは別人）が一九四〇年四月二十九日付で所長として着任した時、アウシュヴィッツ（第一）収容所の敷地には、この段階ではレンガ造りの建物二二棟があり、そのうちの八棟が二階建て、残りの一四棟が平屋だった。

オシフィエンチム（アウシュヴィッツ）の町は、規模は小さかったが、ポーランドが独立を回復（旧ポーランドは一七九五年に周辺国へと分割併合されて地図上から消失）する前のオーストリア＝ハンガリー帝国領だった頃から、鉄道の結節点という重要な場所だった。また、第一収容所は市の中心部から南西に二キロほど離れた場所にある上、周囲には畑や平原が広がり、施設の拡張性という面でも好条件と判断された。そのため、捕らえたポーランド人を一時収容する施設として、この場所が選ばれたのである。

一九四〇年六月十四日、七二八人のポーランド軍捕虜と政治囚が最初の被収容者として到着し、アウシュヴィッツ強制収容所の短い、だが人類史に特筆されるほど凄惨な歴史の幕が開かれた。この時点ではまだ、被収容者の組織的な大量殺害は想定されておらず、あくまで暫定的に閉じ込めておく集中収容所という位置づけだった。

ただし、ゲシュタポが特に危険と見なした被収容者に対しては、施設内での即決裁判で死刑が宣告され、一九四〇年十一月から一九四五年一月の施設放棄までの約四年二か月の間に、概算で三〇〇〇人から一万人のポーランド人が、ここで銃殺された。

⦿――チクロンBによる大量殺害のスタート

一九四一年三月、既に東方の大国ソ連への侵攻準備を進めていたドイツでは、開戦後に大量のソ連兵捕虜が発生すると見込まれたことから、既存の収容所の拡張や新たな収容所の建設を迫られていた。ハインリヒ・ヒムラーSS長官（全国指導者）は、三月一日にアウシュヴィッツ収容所を視察し、所長のヘースに施設を拡張するよう命じた。

具体的には、まず現状の収容所（第一）に建物を増築して、三万人を収容可能な規模にすること。次に、その北西のビルケナウ（ポーランド語ではブジェジンカ）に一〇万人を収容可能な戦時捕虜収容所を建設すること。そして、ナチスと関係の深いドイツの化学コンツェルン（企業合同体）「IGファルベン」社が近隣のモノヴィッツ（モノヴィッツェ）に建設する予定の、大規模な合成ゴム工場で強制労働に従事させる作業員一万人を収容できる労働者の収容所を作ること。

この命令に従い、第一の収容所施設には六つの建物の新設と、平屋の建物に二階と屋根裏を増築する工事が行われたが、三万人収容という目標は一度も達成できず、ピーク時でも二万人を少し超える程度だった。そして、一九四一年六月にドイツ軍のソ連侵攻が開始されると、大量のソ連兵捕虜がドイツ支配下のポーランド領(中心地域は「ポーランド総督府領」という扱い)へと移送され、アウシュヴィッツ第一収容所にも送られた。

後述するように、ヒトラーとドイツ政府は、一九四一年六月の時点では、ヨーロッパのユダヤ人を国外に移住させるという従来の政策を継続しており、前年六月にドイツへ降伏したフランスのように、ドイツ軍戦車部隊の電撃的な侵攻でソ連政府を屈服させれば、広大なソ連の領内、例えばシベリアにユダヤ人を追放できると想定していた。

しかし、ソ連軍の頑強な抵抗により、当初の予定では数か月で終わるはずだった対ソ戦が泥沼化すると、ポーランドの集中収容所は、次々と送られてくるソ連兵捕虜と、東方への移住に備えてポーランドへと移送されるユダヤ人が溢れて飽和状態となり始めた。

アウシュヴィッツ第一収容所は、この想定外の事態に対処するため、すでに存在する被収容者の人数を手っ取り早く減らす作業を開始した。

のちに際限なくエスカレートしていく、大量虐殺のスタートである。

まず最初に行われたのは、被収容者の心臓にフェノールを注射する「安楽死」だった。一九四一年八月から十二月の間に、確認されただけで二四六七人が、この方法で虐殺された。続いて、同年九月三日には、第一収容所の第一一号棟地下にある懲罰拘禁室で、ソ連兵捕虜二五〇人に対し、毒ガスのチクロンBによる大量殺害のテストが行われた。

チクロンBとは、本来はシラミなどの害虫駆除に使用する殺虫剤で、シアン化水素を染み込ませた顆粒状の物質として缶入りで管理され、空気に触れると致死性の有毒ガスが発生した。製造していたのは、IGファルベンの子会社「ドイツ害虫駆除社(デゲシュ)」で、アウシュヴィッツには最終的に約二四トンのチクロンBが納入された。

九月三日から五日までの三日間に、アウシュヴィッツ第一収容所の第一一号棟地下室でチクロンBを用いて殺害されたソ連兵捕虜とポーランド人の数は、八五〇人に達した。

だが、この作業はすぐに中止を余儀なくされた。

使用された地下室は換気しづらく、使われた毒ガスを安全な空気と入れ替えるのに時間がかかる上、狭い通路や階段で大量の死体を運び出すのに手間を要したからである。

⦿――ドイツ政府機関によるユダヤ人大量殺害システムの本格的稼働

一九四一年十月四日、前記したヒムラーの「第二の指示」に基づき、ビルケナウの農家を強制退去させた場所に第二収容所の建設が開始されたが、工事に駆り出されたのは、ソ連兵の捕虜たちだった。翌一九四二年二月までの五か月間に、約一万人のソ連兵捕虜が建築現場の重労働を強制されたが、凍傷や栄養失調などで、その九割が命を落とした。

ビルケナウの第二収容所に作られた木造バラックは、レンガ造りの建物から成る第一収容所とは異なり、馬小屋のような木造建物に木製の三段ベッドをびっしりと並べた粗末なつくりだった。屋内には小さな暖房装置があったが、燃料は供給されず、冬場は気温マイナス二〇度から三〇度の酷寒で体調を崩したり死亡する被収容者も少なくなかった。

この建設工事が行われていた一九四二年一月二十日、ベルリン近郊の保養地ヴァンゼーで開かれた政策会議（通称ヴァンゼー会議、詳しくは後述）において、ヨーロッパのユダヤ人を「絶滅」させることを目標に、ドイツの各省庁が連携する方針が定められると、ビルケナウの第二収容所は当初想定された捕虜収容所ではなく、ヨーロッパ各地から鉄道で移送されてくるユダヤ人をすみやかに「抹殺」することを目的とする「絶滅収容所（フェアニヒトゥングスラーゲル）」へと変質した。

ナチス体制下のドイツ政府機関による、ユダヤ人の大量虐殺システムは、この時期から本格的に動き出したのである。

一九四二年二月、アウシュヴィッツ第一収容所に隣接する焼却炉の死体置き場が、同地で最初のガス室に改造され、チクロンBによる大量殺害が可能であることが確認された。この場所では、一度に七〇〇人ほどをチクロンBで殺害することができ、一日に三四〇体の死体を焼却できる三つの焼却炉が隣接していた。

建設工事が進むアウシュヴィッツ第二（ビルケナウ）収容所でも、一九四二年の春から夏にかけて収容施設の木造バラックが次々と増築され、敷地の北西では、同年三月二十日に一棟（赤い家）、六月三十日にもう一棟（白い家）の二つの「仮設」ガス室が稼働を開始した。この二棟の「仮設」ガス室は、農家の建物を改造して窓を塞ぎ、完全に密閉できる重い扉を取り付けたもので、表向きは第一と第二の「掩蔽施設（ブンカー）」と呼ばれた。

ヘースの戦後の証言によれば、一度にガス室で殺害できた人数は、「赤い家」が約八〇〇人、「白い家」は約一二〇〇人だった。ここで殺害された死体は、すべて近隣の穴に捨てられていたが、不衛生な死体投棄は疫病の原因となり、施設内では発疹チフスが大流行し、一九四二年四月から七月の間に、一万二九八六人の被収容者が死亡した。

一九四二年七月十七日と十八日の二日間、ヒムラーは再びアウシュヴィッツを視察し、オランダから到着したユダヤ人たちが「自分の足で貨車から降りるところ」から「死体となってガス室から運び出される」までの全ての行程に立ち会った。そして彼は、収容所長のヘースに、進行中の収容バラックの増設と、死体焼却炉建設の加速化を命じた。

死体焼却炉の建設契約は、ヒムラーが視察する四日前の、七月十三日に結ばれたばかりで、建設は八月十日に開始されることとなった。そして、視察後四週間ほどのうちに、ビルケナウの死体焼却炉建設計画が見直され、一棟から四棟に増やすことが決定した。

蔓延する発疹チフスへの対処の必要もあって、一九四二年七月〜八月、ビルケナウでは死体の処理が「穴への投棄」から「焼却」に切り替えられたが、焼却炉はまだ着工もされておらず、当面は野原に薪を積んで死体を並べ、油をかけて焼く方法がとられた。すでに投棄されていた一〇万体以上の腐乱した死体も掘り返され、一緒に燃やされた。

◉――生き延びた者を待っていた苛酷な強制労働

一九四三年三月三十一日から六月二十六日にかけて、ヒムラーの指示でアウシュヴィッツに増設された四つの死体焼却炉が、次々と稼働を開始した。

理論的には、アウシュヴィッツ第一収容所の設備を合わせた五つの焼却炉で、一日に四八〇〇近い死体を焼却できることになっていたが、実際にはそれを上回る数の死体が焼却される日があった一方、酷使の負荷に起因する故障で一部の炉が停止する日もあった。

一方、前記した選別作業で右側、つまり労働グループに分類された被収容者は、満足な食事も医薬品も与えられない苛酷な環境で暮らしながら、オシュフィエンチムの町から東に三キロ、アウシュヴィッツ第一収容所からは五キロ離れた場所にある、IGファルベンの巨大な軍需工場群の建設現場や完成した工場内で、強制的に働かされていた。

一九四一年四月以降、合成ゴムなどの生産を行うこれらの工場で強制労働を課せられた被収容者は、毎朝行列でバラックから歩いて通うことを命じられたが、走って逃げられないよう木靴を履かされた足には、行き帰りの長い徒歩行進だけでも大きな苦痛だった。脱走を図ろうとした者、病気や栄養失調で倒れた者は、すぐに射殺され、新たな被収容者で欠員が補充された。

間もなく、ＩＧファルベン以外の企業もアウシュヴィッツ強制収容所群の周辺に工場を建設し、実質的な奴隷労働者のニーズは増大した。

行き帰りの行進に伴う「時間の無駄」を省くため、前記したヒムラーの「第三の指示」に従い、工場施設のすぐそばにあるモノヴィッツという町の隣りに、アウシュヴィッツ第三収容所の建設作業が進められ、一九四二年十月末にようやく完成した。この施設の敷地面積は、第一収容所よりもやや大きい程度で、工場での強制労働に従事する人員が寝泊まりする場所に特化した構造となっており、ガス室や死体焼却場は作られなかった。

ＩＧファルベンは、これらの労働者の賃金をＳＳに支払ったが、一般の労働報酬とは比較にならないほど安価だった。一九四二年三月以降、ナチス体制下で労働力配置総監という地位にあったフリッツ・ザウケルは、ドイツの軍需産業において、集中収容所の外国人を「最低限の経費で最大限に」労働力として活用する方針を各組織に命令した。これらの企業がＳＳに支払った賃金は、当然ながら、被収容者には全く配分されなかった。

工場群の拡張が進むにつれて、ＩＧファルベンは強制労働の被収容者を管理するＳＳの経済管理本部（ＷＶＨＡ、一九四二年二月一日に設立）に労働者の増派を求め、ＳＳはそれに応えて奴隷同然の被収容者を必要とされるだけ提供した。アウシュヴィッツ強制収容所群に接続したＩＧファルベンの工場群が稼働したのは、実質的に三年ほどだったが、その間に過労や事故、逃亡時の射殺などで死んだ人間は三万人にのぼった。

⊙――ユダヤ人以外も大勢殺害されたアウシュヴィッツ収容所

アウシュヴィッツ強制収容所群で殺害された、一〇〇万人近いユダヤ人のうち、一番多かったのはハンガリーから移送された人々（約四〇万人）で、次がポーランドとそれに隣接するドイツ南東部のオーバーシュレージェンからの移送者（約二五万人）、三番目がフランスからの移送者（約一一万人）だった。

しかし、アウシュヴィッツで命を落としたのは、ユダヤ人やポーランド人、ソ連兵の捕虜だけではなかった。

ユダヤ人と同様、ヒトラーのナチス体制下で「下等人種」と見なされたロマ・シンティ（ジプシーやツィゴイナーとも呼ばれるが、これらは差別的呼称）も、絶滅政策の標的となり、一九四四年八月二日には、その時点で収容所に生存していた二八九七人のロマが、労働力として使えないと判断されて、ガス室で全員殺害された。アウシュヴィッツ強制収容所群で殺害されたロマの総数は、約二万人と見られている。

また、アウシュヴィッツ強制収容所群では、人間としての尊厳を奪われた被収容者を「格好の実験材料」と見なす医師の手で、さまざまな人体実験が行われた。抗チフス投薬実験（フェッター博士）、断種・不妊化実験（クラウベルク博士）、双子と小人の実験（メンゲレ博士）などがそれで、最後の双子研究には「ドイツ女性が妊娠するたびに双子を出産すれば出生率が向上する」という、国策に奉仕する意図も込められていた。

これらの実験に用いられた数千人の被収容者は、担当医師が必要とする各種のデータを採取したのち、用済みの医療廃棄物のような扱いで殺害されたが、実験の途中ですさまじい苦痛を味わいながら絶命するケースも少なくなかった。

ハンガリーなど欧州各地からのユダヤ人の移送が大規模に行われた一九四四年には、先に一九四二年の例として述べたような穏便な「選別」のプロセスも省かれ、ユダヤ人たちは貨車から降ろされた途端にSS隊員に怒鳴られ、そこで「子どもを連れた女、一六歳以下の子ども、老人」と「若い男、子連れでない女」に分けられて、前者はガス室へ、後者は被収容者のバラックへとそのまま連行されていった。

だが、第二次世界大戦におけるドイツの敗色が濃厚となり始めた一九四四年末になると、アウシュヴィッツ強制収容所群では、ガス室での大量殺害は下火となり、そのような人道的犯罪の痕跡を残さないための証拠隠滅に、SSの作業の重点がシフトしていった。

SS長官ヒムラーが、ユダヤ人殺害の中止とガス室の使用停止を各方面に命令した一九四四年十一月二日、アウシュヴィッツで最後となるガス室での大量殺害が行われたが、十一月二十五日から二十六日に、第二死体焼却場と付属のガス室が破壊された。

そして、一九四五年一月六日、アウシュヴィッツで最後の（ガス室によらない）被収容者の処刑が行われ、一月十八日には被収容者の大半に当たる約六万六〇〇〇人が、アウシュヴィッツからドイツ国内の収容所へと徒歩で向かう「死の行進」に出発した。

この移動の途中、病気や衰弱で歩けなくなって脱落した者は、殺害されるか、そのまま放置された。一月二十二日に最後の死体焼却炉がＳＳの手で爆破され、それから五日後の一月二十七日、ソ連軍の先遣部隊がアウシュヴィッツ強制収容所群を解放した。この時点で同地に残っていた被収容者は、病人も含めて約八〇〇〇人だった。

それは、最初のポーランド人被収容者が送り込まれた一九四〇年五月二十日から数えて、四年と八か月後のことだった。

ユダヤ人迫害からホロコーストへの道のり

◎——大量殺害を生んだ第一の原因：ヒトラーの反ユダヤ思想

第二次世界大戦中、ユダヤ人やロマなどの市民をシステムとして大量に殺害した「絶滅収容所」は、アウシュヴィッツを含めて計六か所存在した。残る五か所は、ヘウムノ（一九四一年～四五年に稼働、以下同）、ルブリン＝マイダネク（一九四一年～四四年）、トレブリンカ（一九四二年～四三年）、ソビボル（一九四二年～四三年）、ベウゼッツ（一九四二年～四三年）だったが、これらはすべて旧ポーランド領に作られていた。

六〇〇万人と概算されるホロコーストの犠牲者のうち、五割から六割が、この六か所の絶滅収容所において、ガス室や射殺、薬物注射などの方法で殺害された。

アウシュヴィッツに送られたユダヤ人のうち、一八歳以下の子どもは約二二万六〇〇〇人(ホロコースト全体では約一〇〇万人)と見られている。だが、その九割近くは「労働能力なし」、つまり生かしておく価値がないと見なされ、到着後すぐにガス室へと送られて、二度と笑うことも遊ぶこともない、冷たくて小さい身体の死体となった。

人種的に特定の属性を持つというだけの理由で、大勢の子どもを含む人間を、本来は害虫駆除に使用する猛毒を用いて流れ作業のように殺害することで、実行者たちは何を得ようとしたのか。人員や資材、燃料、鉄道輸送能力などの浪費が許されないはずの総力戦の最中に、特定人種の絶滅という事業に厖大なリソース(資源)を費やしたナチス体制下のドイツは、本当に戦争に勝つ意志があったのか。

なぜ、ナチス体制下のドイツは、こんなことを行ったのか。


ホロコーストという異常な出来事を生み出した要因として、まず挙げられるのは、ナチス・ドイツの指導者アドルフ・ヒトラーの、病的とも言える反ユダヤ思想である。

一八八九年、ドイツとの国境に面したオーストリアの町ブラウナウに生まれたヒトラーは、一九〇七年に画家を目指して首都ウィーンに上京したものの挫折し、精神的に満たされない日々を送っていた。のちに著書『わが闘争』などでヒトラー自身が述べたところによれば、この頃に彼が買い求めて熱心に読みふけったのが、当時ウィーンで大量に刊行されていた反ユダヤ思想の書物やパンフレット、大衆紙などだったという。

本書では深入りする紙幅の余裕はないが、当時のヨーロッパ社会では反ユダヤの思想が広く根を張っており、オーストリアやドイツだけでなく、フランスやポーランドにも、ユダヤ人を蔑視または敵視する風潮は社会の一部に存在していた。

ただし、ウィーン時代のヒトラーにユダヤ人の親しい友人がいたことなど、戦後の実証的研究で「ヒトラーの反ユダヤ思想」に反する事実がいくつか確認されたことから、ドイツ現代史を専攻する歴史家の多くは、「ヒトラーはウィーン時代に早くも強固な反ユダヤ主義者になった」という説明や解釈に懐疑的な姿勢をとっている。

その後、一九一三年からドイツ南部のミュンヘンに移住したヒトラーは、そこで反ユダヤ運動の団体と接触し、やがて自らも反ユダヤのスピーチなどを行うようになる。自分はドイツ人だという強い民族意識を持つヒトラーは、翌一九一四年に勃発した第一次世界大戦に、オーストリア＝ハンガリー帝国ではなくドイツ帝国の兵士として従軍したが、一九一八年にドイツが連合国に敗北したことで、彼の反ユダヤ思想はさらに強固なものとなった。

当時のドイツでは、自国が戦争に負けたのはドイツ国内のユダヤ人が戦争遂行を妨害したからで、悪辣なユダヤ人や左翼政党に背後から「匕首」で刺されなければ、ドイツは負けなかったはずだ、というデマが、軍人を中心に広く信じられていたからである。

この解釈に同調したヒトラーは、復員後にミュンヘンで政治運動へとのめり込むようになり、一九一九年にドイツ労働者党という政党に参加した。弁の立つヒトラーは、この集団内ですぐに頭角をあらわし、翌一九二〇年二月二十四日には新たに定められた二五項目の党綱領を公開集会で発表、党名を「国家社会主義ドイツ労働者党」へと改めた。

のちにヨーロッパを震撼させることになる「ナチ党」の誕生である。

⦿――大量殺害を生んだ第二の原因：ナチスの反ユダヤ政策

その一三年後の一九三三年一月三十日、ナチ党の党首ヒトラーはドイツ首相となり、翌一九三四年八月十九日には、首相と大統領の地位を一元化してヒトラーを「総統（フューラー）」と認める国民投票が実施され、圧倒的な賛成多数により可決された。

こうして、ヒトラーがドイツで絶対的な権力を握る独裁者として君臨すると、ドイツ国内ではユダヤ人市民への差別が、暴力を伴う迫害へと変化していった。ユダヤ人が経営する商店のボイコット運動が、やがて破壊と襲撃にエスカレートし、ナチ党の実力組織である突撃隊の褐色の制服は、ユダヤ人市民にとって恐怖の的となっていった。

ヒトラーが首相に就任してから約二か月後の一九三三年四月七日、専門職公務員からユダヤ人を排除する最初の「反ユダヤ法」が公布され、間もなく司法や文化事業、メディア（新聞）の各分野からのユダヤ人の排除を定める諸法令が次々と制定された。

一九三五年九月十五日、ドイツ国会で「ドイツ人の血とドイツ人の名誉保護のための法律（通称ニュルンベルク法）」が満場一致で可決されたが、その内容は「第一条　ユダヤ人と『ドイツ人の血またはその類縁の血を有するドイツ国民』の結婚を禁止する」など、ユダヤ人の人権を著しく損なうもので、ユダヤ人市民の公民権を否定する「ドイツ国公民法」も同時に制定された。

社会的な少数派を「民衆の敵」に設定することで、多数派の結束を図り、それを自らが君臨する体制の強化に結びつけるという、古来から幾度となく繰り返された政治的方法論とも相通じるナチスのユダヤ人迫害政策は、敗戦による苛酷な賠償義務と常軌を逸したインフレに苦しんできたドイツ国民の心をしっかりと捉えることに成功した。まず愛国者を自認するドイツ国内の右派勢力が、そして次第に一般のドイツ国民までもが、日常生活のレベルでユダヤ人迫害に手を貸したり、それを黙認するようになっていった。

ニュルンベルク法の制定に伴い、親衛隊がユダヤ人問題への関与を本格的に深め始めた一九三五年九月、アドルフ・アイヒマンという一人のSS軍曹が、SS保安警察本部の情報部ユダヤ人問題研究課へと配属された。

この時点で、アイヒマン自身は特にユダヤ人の民族問題に通じていたわけではなかったが、几帳面で勉強家の彼はユダヤ問題の主要な文献を精力的に読破し、瞬く間にSS内部で「ユダヤ人問題の専門家」として知られる存在となっていった。

アイヒマンの所属するSSのユダヤ人問題担当課は、その後数年のうちに、ナチス党内部の権力機構の整理に伴ってたびたびその名称が変更されたが、彼は上官から与えられた任務を忠実に遂行する有能な下士官として、順調に昇進を重ねていった。

そして、一九三八年三月のドイツへのオーストリア併合以後、アイヒマンはドイツ国内のユダヤ人を国外に移住させる事業で中心的な役割を果たした。一九三九年一月二十四日には、政権のナンバー・ツーであるヘルマン・ゲーリング国家元帥の指令に基づき、「ユダヤ人国外移住促進ドイツ中央本部」の設立が決定されたが、この機関の目的は、ドイツに住むユダヤ人が外国に移住することを政策として促進し、それに協力するユダヤ人組織「ドイツ在住ユダヤ人連合会」の創設も承認された。

つまり、第二次世界大戦が一九三九年九月に始まった時点では、ヒトラーとナチス政権は、ユダヤ人の「大量虐殺」や「絶滅」ではなく、「国外追放」を政策方針としていたのである。

それではなぜ、彼らはユダヤ人に対する政策を大きく転換したのか？

◉――大量殺害を生んだ第三の原因：戦争による対ユダヤ人政策の迷走

最初の転機は、第二次世界大戦の最初に行われた、ドイツ軍のポーランド侵攻だった。東の大国ソ連との協同侵攻でポーランドを蹂躙したドイツは、同国の西半分をドイツの領土（総督府を通じて間接統治する属領も含む）として併合したが、ポーランドの領土には約二五〇万人のユダヤ人が存在していた。

ヒトラーが政権の座に就いた一九三三年の時点で、ドイツ国籍を持つユダヤ人は約五〇万人だった。その後、一九三九年までに約三六万人のユダヤ人がドイツ領内から（そして一九三八年にドイツに併合されたチェコスロヴァキアのズデーテン地方とベーメン・メーレン保護領、オーストリアからは約一八万人のユダヤ人が）国外に移住したが、それらを大きく上回る数のユダヤ人がドイツの統治下に入ったことで、ドイツからユダヤ人を排除するというナチスの計画は大きく狂わされた。

当初は、ポーランド系ユダヤ人は国外追放までの間、ドイツ南部のダッハウをはじめとする強制収容所や、旧ポーランド領内のゲットー（隔離居住区）に収監されたが、すぐにSSの処理能力を超過してしまい、新たな解決法を探さなくてはならなくなった。

一九四〇年五月〜六月の対フランス戦でドイツが大勝利を収めると、SSの国家保安本部（RSHA）第Ⅳ局B4課（ユダヤ人問題担当）課長というポストに就いていたアイヒマンは、余剰のユダヤ人を仏領マダガスカル島に移住させ、「宗主国」ドイツの委任統治下で強制労働に従事させるという計画を研究した。

だが、大西洋とインド洋にいまだ強力な海軍力を持つイギリスのチャーチル首相が、ドイツとの講和を拒んだため、この移住計画の実行は物理的に不可能となった。

それから一年後の一九四一年六月に、ドイツ軍の侵攻でソ連との戦争が始まると、ドイツは領土拡大に伴うユダヤ人のさらなる増加を避ける目的もあり、占領地のユダヤ人市民を殺害するという対処法をとった。SS保安本部の特別行動部隊（アインザッツ・グルッペ）は、同年後半の半年だけで三一万から五〇万人のユダヤ人を、ソ連領の白ロシアとウクライナ、バルト三国、ロシア共和国の西部地域で殺害していった。

ウクライナのキエフ近郊にあるバービイ・ヤールという谷では、一九四一年九月二十九日から三十日にかけて、約三万四〇〇〇人のユダヤ人市民が殺害された。

アイヒマンは、特別行動部隊による機関銃などを使用したユダヤ人殺害を前線で視察した後、より「効率的」で、殺害を実行するSS隊員の心理的負担が少ない方法でユダヤ人の抹殺を図る方法はないかと考え、自動車の排気ガスや殺虫用の毒ガスを使用した大量殺害の実験をいくつかの収容所で行わせた。

多数のユダヤ人に対し、最初に自動車の排気ガスに含まれる一酸化炭素を利用した大量殺害が行われたのは、旧ポーランド領西部にあるヘウムノ（ドイツ名クルムホーフ）だった。一九四一年十二月五日、自動車会社に特注して作らせた、エンジンの排気ガスが荷台の密閉室に流れ込む構造の「特殊自動車（ゾンダーヴァーゲン）」二台に、約一〇〇人のユダヤ人市民が載せられ、周辺の道路を走行中に全員が一酸化炭素中毒で殺害された。

だが、この「ガス殺トラック」は台数が限られた上、殺害の効果も不安定だったため、アイヒマンはもう一つの方法、つまり殺虫用の毒ガスによる殺害の実験を進めさせた。その結果として生まれたのが、アウシュヴィッツなどの絶滅収容所のガス室だった。

◉——大量殺害を生んだ第四の原因：移住政策の放棄と絶滅政策の確定

対ソ戦が始まった段階では、ヒトラーもSS上層部もドイツの勝利を確信しており、ソ連がドイツに降伏したのち、ドイツの支配地域にあふれるユダヤ人（この時点で三五〇万人近くに達していた）を、シベリアなどに移住させるという想定がなされていた。

しかし、戦況はドイツ側の思惑通りに進展せず、ドイツ国内のユダヤ人には、対ソ戦の早期終結の見込みが失われつつあった一九四一年十月二十三日に、出国禁止措置が発せられた。十二月に入ると、モスクワ周辺でソ連軍の冬季反攻が開始されて、ドイツ軍は酷寒の中で防戦へと転じ、日本の奇襲攻撃を受けたアメリカがイギリスとソ連の側に立って第二次世界大戦に参戦したことで、ユダヤ人の東方移住という解決法もご破算となった。

こうした状況の中、旧ポーランド領とソ連のドイツ占領地域では、すでにユダヤ人大量殺害の既成事実が数十万人規模で作られており、国外移住の見込みが断たれた時、その矛先がドイツを含む他の地域に住むユダヤ人にも向くのは自然な成り行きだった。

年が開けた一九四二年一月二十日、ヒムラーの右腕でアイヒマンの上司でもあった国家保安本部長官のラインハルト・ハイドリヒSS大将を主宰者とする、重要な会議がベルリン西方のヴァンゼーにある保養所の瀟洒な建物で開かれた。

アイヒマンも書記として参加した「ヴァンゼー会議」の主要な目的は、ハイドリヒが半年前の一九四一年七月三十一日にゲーリングから受けた「ユダヤ人問題の最終的解決のための準備を行い、その全体的解決のために中央諸官庁と調整せよ」という命令を踏まえた上で、ユダヤ人問題の「解決法」をドイツ政府内の各省庁と共有することだった。

内務省や法務省、党官房などの各中央省庁を代表する次官たちを前にして、ハイドリヒは「総統はユダヤ人について、海外移住の代わりに『東方への疎開』を解決策として承認された」と明言し、その政策への各省庁の協力を求めた。この時に用いられた「東方への疎開」という語句が、実際には「絶滅」の婉曲語法であったことは、この会議の後に作成した関連文書の文脈解析などによって、多くの歴史家に確認されている。

この政策転換において、現場レベルで重要な役割を果たしたのは、すでにドイツ国内で繰り返し行われてきた「安楽死」政策の担当者だった。「安楽死」政策とは、ヒトラーが政権を握った直後から進められてきた、国内の社会的弱者を切り捨てて排除する方策のことで、精神病患者や遺伝的疾患の認められた人間などを、薬物で殺害していた。

ヒトラーが首相となって四か月後の一九三三年七月十四日、ドイツ政府は精神病患者や重度の身体障害者が子孫を残せないようにする「遺伝病子孫防止法」を制定し、強制断種（生殖能力の除去）を法的に認める政策をスタートした。

⦿——大量殺害を生んだ第五の原因：「大量殺害のエキスパート」の登用

これ以降、ナチス体制下のドイツでは「人種衛生学（優生学）」という名目で、社会的に劣等と見なした人間や、精神的・身体的障害への対応で国に負担をかけると見なした人間の結婚や生殖を制限する研究が進められたが、彼らの命を国が奪うことは、他の国民の政府に対する信用を毀損する可能性があるとして、実行はされなかった。

だが、第二次世界大戦が勃発した翌月の一九三九年十月一日、ヒトラーはそうした市民の殺害を認める「安楽死」作戦の実行を、法的根拠なしに指令する。この指令の効力発生日は、一か月前の九月一日、つまり戦争の開戦日とされた。これ以降、前記したような理由で「生かしておく価値がない」と見なされた市民に対する、システムとしての殺害行為が、ドイツ国内の大勢の医師や医学者を巻き込む形で行われた。

こうした市民の殺害行為に伴う罪悪感は、国の繁栄に寄与するという大義名分で打ち消され、次第に麻痺する倫理観の下で、殺害作業の「合理化」が進められていった。

先に触れたガス殺用の「特殊自動車」も、実は一九三九年十二月から一九四〇年初めに精神病患者の「安楽死」用に使用されたことがあり、その時には排気ガスではなく、鋼鉄製ボンベから排出された純粋一酸化炭素が用いられていた。だが、この方法は運用コストが高いと判明したため、排気ガスという「廃物」を利用する方式へと作り替えられた。

統括本部が置かれたベルリンの住所「ティーアガルテン通り四番地」にちなんで「T4作戦」と呼ばれた「安楽死」政策は、ローマ教皇庁などのカトリック教会からの批判を受けて、表向きには独ソ開戦から三か月後の一九四一年九月一日に終了したが、非公式な形で一九四五年五月の敗戦まで継続した。ドイツ政府の「安楽死」政策で殺害された、精神病患者や身体障害者、遺伝性疾患の患者、同性愛者などの人数についても、いくつかの異なる数字が示されているが、二〇万人から三〇万人に達するものと見られている。

そして、公式な「安楽死」政策の終了と共に、その実務作業に従事していた「大量殺害のエキスパート」たちは、ポーランド各地の強制収容所で要職に就いたが、ユダヤ人被収容者の扱いが「絶滅」へと転換された時、それまでに培われた「大量殺害のノウハウ」が活用されて、短期間に百万単位のユダヤ人を殺害することが可能となった。

ヒトラーとナチス首脳部が共有した反ユダヤ思想と、ドイツ国民の積極的あるいは消極的な追認、一九三三年三月二十二日に開設されたダッハウ収容所をはじめとするドイツ国内の政治囚収容所群での運営実績、公益を装って行われた社会的弱者の「安楽死」事業、場当たり的な領土拡張に伴うユダヤ人市民の増大、そして対ソ戦の戦況停滞による移住政策の破綻。ホロコーストという歴史に特筆される悲惨な出来事は、これらの要素が重層的に積み重なることで生まれた、巨大で醜悪なモンスターだったのである。

ホロコーストを実行した側の人間たち

◉——アウシュヴィッツ強制収容所長ヘースの弁明

戦後のヨーロッパでは、ヒトラーの署名がある「ユダヤ人絶滅の命令文書」が見つかっていない事実などを根拠に、「ヒトラーはユダヤ人の大量虐殺を命じていない」あるいは「知らなかった」とする主張が、一部で根強く語られ、信じられてきた。また、同様の断片的根拠を恣意的に膨らませ、ガス室によるユダヤ人の大量殺害そのものを否認する「ホロコースト否定論」をまことしやかに語る者も存在する。

だが、ユダヤ人問題がヒトラーとナチス政権にとって最重要課題の一つであった事実、T4作戦が中止されて管理者が各地のユダヤ人収容所に転任となった事実、ヒムラーやハイドリヒが書簡や覚書でヒトラーの「ユダヤ人絶滅政策の命令」を示唆する言葉（「最高の筋からの厳しい指示」など）を用いていた事実から考えて、ヒトラーは一九四一年の七月から十二月にかけての時期（例えば一九四一年十月二十五日にヒムラーとハイドリヒを招いて行った会合）に、ユダヤ人の絶滅という命令を口頭で下していたことは確実だという見方が、この問題を研究する世界各国の歴史家の共通した認識となっている。

前記した「ヴァンゼー会議」も、当初の予定では一九四一年十二月九日に開催が予定されていたが、その前日の十二月八日に起きた日米開戦と、それに続くドイツの対米宣戦布告（十二月十一日）が重なったことで、一九四二年一月に延期された。

そして、十二月十二日に首相官邸で開かれたナチ党大管区者会議において、ヒトラーはヨーロッパのユダヤ人を絶滅させるという意志を、居並ぶ高官の前で表明した。

それでは、ユダヤ人の大量殺害を実行した側の人間は、どんな心境で日々の「業務」に当たっていたのだろうか。子どもを含む非力な市民を狭い空間に押し込め、自由や財産だけでなく人間の尊厳を奪い取り、生命までをも取り上げる無慈悲な作業を毎日行っていたSSの収容所幹部は、おのれの行為に何の疑問も、罪悪感も感じなかったのだろうか。

アウシュヴィッツ強制収容所群が創設された当初から、同所の所長を務めたヘースは、一九四三年十一月十日に所長を退いて、経済管理本部の部長となった。そしてドイツ敗戦と共に連合国の捕虜となり、ニュルンベルク裁判（一九四五年十一月〜一九四六年十月）に戦争犯罪の証人として出廷したのち、一九四六年五月二十五日にポーランドのクラクフへと移送され、アウシュヴィッツでの大量殺害の罪で裁判にかけられた。

ヘースの公判は、翌一九四七年三月十一日から二十九日まで行われ、四月二日に死刑が宣告された。それから二週間後の四月十六日、ヘースはアウシュヴィッツ第一収容所の死体焼却場に隣接する場所で絞首刑を執行されたが、彼は公判が始まる前の一九四七年二月に手記を書き残していた。日本でも『アウシュヴィッツ収容所　所長ルドルフ・ヘスの告白遺録』という表題で、一九七二年にサイマル出版会から刊行された。

全ての回想録や自叙伝がそうであるように、この手記も自己正当化や弁明、責任回避、情状酌量の訴えなどの側面を踏まえて読む必要があり、また重要な出来事の日付に数多く誤認があることも指摘されている。その一方で、ホロコーストという異常事態を監督した人物が、どんな心境で日々の職務に当たっていたのかを知る上で、他では得られない情報を数多く含んでいることも否定できない。

そこで、本章のおわりに、中心的な当事者の一人としてホロコーストの実行に携わったヘースの手記から、ユダヤ人大量殺害を実行した者の内面に光を当ててみたい。引用文の後にあるページ数は、サイマル出版会の邦訳に対応している。

⦿——爆撃機の無差別爆撃と同一視させる主張

ヘースによれば、強制収容所の看守を務めるSS職員には、次のような三種類の人間がいたという（53－54頁）。

まず、「陰険、邪悪でたちが悪く、粗野で下劣で無知な人間たち」。彼ら／彼女ら（女性の看守もいた）は「ごく些細な悪さに始まり、あらゆる種類のいとわしい不正、暗い衝動の発散、そして極端な虐待」を行う、サディスティックな性癖の持ち主だった。

次に、「無関心な、冷淡な人間たち」で、彼らにとっての囚人は「見張り監督しなければならぬ物」でしかなく、「囚人たちやその生活などには、少しも心を使わない」。彼らは「与えられた命令を守って足れりとし、死んだ文字に盲従する」のと共に、「無関心によって、その怠惰と偏狭さによって、多くの囚人たちを、肉体的・精神的に苦しめ、傷つける」のだという。ヘースはこのタイプが看守の「大多数を占める」と見なしていた。

そして三番目は「善良な心を持ち、同情心があり、人間の苦しみを感じとれるだけの、善意の性質をもつ人々」だとヘースは書き記しているが、アウシュヴィッツ強制収容所群の実情を見る限り、本当にそんな「善良な看守」が存在し得たのかという疑問が残る。仮にいたとしても、子どもを含む市民たちが虫けらのように殺される日々の職務で神経が参らないなら、その人物の善良さとは、その程度だということになる。

では、ヘース自身はどんな心境で「殺人工場」のようなアウシュヴィッツの日常に適応していたのか。彼は、以下のような言葉で、自分の立場を弁護していた。

「ヒムラーの意を体して、アウシュヴィッツは、古今未曾有の大虐殺機関とされた。一九四一年夏、アウシュヴィッツに大量虐殺用の場を整え、その虐殺を実行すべしとのヒムラーの命令が伝えられたとき、私は、その規模と結末について、片鱗も思い浮かべられなかった。(略)しかし、命令ということが、この虐殺措置を、私に『正しいもの』と思わせた。(略)だから、

それを実行しなければならなかったのだ」(136頁)

また、ヘースは「命令を拒むことは考えなかったのか」という問いに対し、次のような回答を用意していた。

「今、私はなぜ虐殺命令を、女子供に対するこの残虐な殺人を、拒まなかったのかという非難がたえず私にむけられる。だが、それについて、私はすでに、ニュールンベルク〈前記したニュルンベルク裁判〉で答えた。

一人の爆撃隊長が、ある都市に、軍需工場も、守るべき施設も、重要な軍需施設もないことを知った上でその町の爆撃を拒否したなら、彼はどうなるだろうか。もし彼が、自分の爆弾はもっぱら女子供を殺すだけなのだと知って拒んだら、どうなるか? 必ずや、彼は軍法会議にかけられるだろう」(160頁)

ヘースはここで、自ら実行を監督したアウシュヴィッツ強制収容所群でのユダヤ人大量殺害と、市民の頭上に爆弾を投下した爆撃隊長の行為を並列させ、自分を「彼らと同じ軍人であり、将校であった。たとえ、現在人が武装SS部隊を軍隊と見なさず、政党の私兵の一種とみなしているにしても」(160頁)という論法で、ユダヤ人の大量殺害と大都市に対する無差別のじゅうたん爆撃は共に「戦時における命令遂行」であると主張した。

だが、このヘースの論法は、異なる次元の問題を意図的に混同するものだと言える。

当時のドイツは、ユダヤという「国」を敵とする戦争を行っていたわけではない。従って、特定民族の市民を絶滅させることを主目的として、SS組織の管理下で実行された、流れ作業の大量殺人システムは、第二次世界大戦という戦争とは直接関係のない、言い換えれば「戦時」という概念では正当化できない非人道的行為だったからである。

◎——大量殺害実行者の心理的ストレスの軽減としてのガス室

ヘースの手記には、SSが同時代の日本人を手本にしていたという記述もある。

「SSの訓練機関で、国家のため、同時に彼らの神でもある天皇のため、自らを犠牲とする日本人が、輝かしい手本と讃えられたのも、いわれないわけではない。（略）総統が命ずるところ、もしくは、われわれにとって総統のもっとも身近にある存在・SS全国指導者ヒムラーの命ずるところ、それは、つねに正しかったのである」（137頁）

女性や子どもが残酷にガス室へと送られる光景については、こう述べている。

「家にいる時、ふと、何かの出来事や虐殺のことが頭に浮かんでくることも、しばしばだった。（略）ガス室や、火葬に立ち会っていると、しきりに妻や子供たちのことが思い出されてくるのだが、それが、眼前の光景にどうしても結びつかないのだ。

私は、火葬場や施設に勤務している既婚者たちから、しばしば、同じことをきかされた。女たちが子どもをつれてガス室に入ってゆくのを見ると、思わず、自分の家族たちのことを考えてしまうという」

この説明を、偽りだと決めつける根拠はない。ヘースは妻子と共に広い庭のある家で暮らしており、子どもは馬や小動物と戯れ、妻は花壇の手入れをしていたという。だが、彼は別の箇所で、女性や子どもを引き合いに出して、ガス室での殺害という手段が、機関銃による射殺よりも、殺害する者の心理的負担を軽減するという説明を書いている。

「私は、銃殺に関しては、群集や女子供のことを考えると、いつもむごたらしくて嫌悪の気持にかられた。私はもう、ヒムラーや国家保安本部に命じられた人質処刑や集団的銃殺には、うんざりしていたのだ。

だが今は、われわれもこの血なまぐさい光景をはぶけるし、一方、犠牲者たちも最後の瞬間までいたわってやれるので、私としては心安らかになった」（139頁）

本章で述べた通り、ガス室での大量殺害は「最後の瞬間まで犠牲者をいたわる」ような穏やかな光景ではまったくなかったはずだが、ヘースは特別行動部隊による機関銃などを使用したユダヤ人殺害の情景よりも「人道的」であるかのように認識していた。

「その時〈特別行動部隊がユダヤ人を拳銃や機関銃で殺す時〉には、むごたらしい光景が展開されたにちがいない。射たれて逃げまどう者、そして負傷者、ことに女子供の殺害。血の海の有様に耐え切れなくなって、ひんぱんに起る特殊任務部隊員（抑留者からなる）の自殺。また、ある者は気が狂った。

この部隊の大多数の者は、アルコールの助けをかりて、この身の毛もよだつ仕事を片づけた。

ヘフレ〈SS幹部〉の述べるところによれば、グロボクニック〈同〉指揮下で虐殺に当った者たちも、ただならぬ量の酒を費消したということである」（139-140頁）

女性や子どもを含む市民の大量殺害を行う人間が、罪悪感などのストレスを消すために酒の助けを借りる事例は、本書の第五章で説明するリディツェ村での大量殺害においても見られた。大量殺害を実行する側の心理的ストレスの軽減という面で、ガス室が機関銃よりも「望ましい」と見なされていた事実は、相対的な思考が人間の感覚、とりわけ倫理観を狂わせ、やがて麻痺させるという、ホロコーストの重要な側面を物語っている。

◉――命令への服従、職務の貫徹、帰属集団への忠誠心

ヘースは、自分が日々の悲惨な大量殺害を前にしても心の平静を保った理由について、所長である自分は「全員に注目されている存在だったから」（147頁）と説明している。

命令への服従と、与えられた任務の貫徹という二つの行動規範が、彼の手記にはたびたびあらわれる。それは、責任回避であるのと同時に、心の揺らぎを支える柱でもあったのかもしれず、境遇が求める「望ましい人格」を部下の前で演じることで、精神的な負担を軽減しようとしていたことが、他の文章からも読み取れる。

「人間らしい感情をもっているほどの者になら誰しも、心を引き裂かれるような思いの事態の時にでも、私は、冷酷・無情に見せかけねばならなかった。（略）母親たちが、笑ったり泣い

たりしている子供たちと共に、ガス室に入っていくときにも、冷たく見送らねばならなかったのだ」（146頁）

そしてヘースは、ヒムラーがたびたび、ユダヤ人の大量殺害の現場を見せるために、ナチ党やSSの高官をアウシュヴィッツへと送り込んできたこと、ユダヤ人虐殺の必要性を声高に力説していた高官たちが、実際の現場を目の当たりにしてショックを受けて黙り込んでしまったことなどを紹介した上で、自分が受けた問いへの答えを書いている。

「いつも私は訊ねられた。私たち担当者は、こんな場面を、どうやってたえず見つづけていられるのか、どうやって、われわれは、それに持ちこたえられるのか、と。それにたいして、私は、いつもこう答えた。総統の命令を貫徹しなければならぬ以上、鉄の不屈さで、あらゆる人間的感情を沈黙させねばならないのだ、と。このお偉方の誰もが、自分にはとてもこの任務はもちこたえられない、と白状したものだった」（147頁）

ホロコーストで重要な役割を果したアイヒマンも、戦後の一九六〇年五月十一日に逃亡先の南米アルゼンチンで逮捕され、一九六一年四月からイスラエルで戦犯裁判にかけられた時、同じような内容の弁明を口にした（同年十二月十五日に死刑判決、一九六二年六月一日に死刑執行）。

「私は、権力の上層部にいる権力者に操られる道具でしかなかった。ユダヤ人たちを絶滅収容所に送るよう命じたことは事実ですが、私もまた命令を受ける立場にあり、服従の誓いに従って命令を遂行せざるを得ませんでした。

人道的観点から見るならば、私のやったことは有罪です。私は当時からすでに、個人的には、この種の暴力的な解決法は正当化されるものではない、と理解していました。しかし残念なことに、私は先にも述べたように忠誠の誓いに縛られていたので、自分の担当する課で輸送問題に取り組まねばならなかった。

それゆえ、私は心の底では、自分に責任があるとは感じておりません。私は命令を忠実に遂行しましたし、義務を果たさなかったと非難されたことは一度もないということを、ここで明言させていただきたいと思います」（ロニー・ブローマン、エイアル・シヴァン〈高橋哲哉・堀潤之訳〉『不服従を讃えて――「スペシャリスト」アイヒマンと現代』〈産業図書〉収録の裁判記録からアイヒマンの発言を要約）

命令への絶対服従、与えられた職務の貫徹、そして帰属集団への忠誠心。

これらは、一般的な状況では美徳とされるものだが、命令や職務の内容が子どもを含む人間の尊厳や生命を損なうものであったとしても、それに服従し、貫徹することが果たして正しい態度なのか。その態度によって失われるもの、破壊されるものが何であれ、常に忠誠心を最上位に置くべきなのか。そんな態度が許されるのか。

ナチスによるホロコーストは、そんな命題を今なお人類に突きつけているのである。

ルポ

アウシュヴィッツ

ポーランド

日本からアウシュヴィッツへの道のりは、まずヨーロッパの主要ハブ航空経由でポーランド南部の古都クラクフへ行き、そこを拠点とするのが一般的だ。

クラクフからアウシュヴィッツ強制収容所跡（現在の名称は「アウシュヴィッツ・ビルケナウ博物館」）までは、クラクフ中央駅からオシュフィエンチム行きのバスを使って自力で行くか、旅行代理店などが企画するパッケージツアーに参加することになる。

自力で訪れる場合、見学者の多い四月から十月の午前一〇時から午後三時までは、事前に予約した公式ガイド（教育係）引率のツアーでのみ入場が許可されている。この時間帯の前後に入場すれば、単独で施設内を見学できる（ガイド無しなら入場無料）。ガイドの予約は、ポーランド語と英語の公式サイトで行うが、旅行代理店のツアーなら予約の手続きも代行される。公式ガイドには、日本語で案内を行う日本人（中谷剛氏）もいる。

アウシュヴィッツ強制収容所跡の見学は、まず「アウシュヴィッツ第一」の施設からスタートする。有名な「働けば自由になれる」のスローガン入りアーチをくぐって施設に入るが、ゲートの左右には当時高圧電流が流れていた二重の鉄条網が延々と連なり、その上部は被収容者の脱走を阻止するために、外側ではなく内側に向けてカーブしている。

施設内のレンガ造りのバラックは、一棟ごとにテーマを定めた展示があり、被収容者から没収した靴やかばん、刈り取られた髪の毛、そして大量殺害に使用された毒ガス「チクロンB」の空き缶などの山が、かつてここで起きた出来事を見学者に教えている。

◉「アウシュヴィッツ第一」の「働けば自由になれる」のアーチ

「第一」の施設見学を終えると、無料の送迎バスで「第二（ビルケナウ）」に向かう。写真などでよく知られた管理棟の門を通り、当時使用されていたバラックとその痕跡が残る敷地に入ると、その広大さが、どれほど多くの収容者が縞模様の囚人服を着てここで絶望的な生活を送っていたかを想起させる。管理棟の中央にあるトンネルを通って敷地内に引かれた鉄道線路の上には、当時ユダヤ人などの移送に使われた貨車が置かれている。

一部のバラックは、内部を見学できるが、屋内は雑

◉「アウシュヴィッツ第二」にある管理棟の門

に積み上げられたレンガ壁の仕切の間に板を敷いて数段に分けた家畜小屋のような粗末なつくりで、長く留まっていると独特の臭気と圧迫感で息が詰まる思いになる。当時はここに、大勢のユダヤ人やロマなどの市民が強制的に押し込まれ、人間の尊厳を無視された境遇で希望のない日々を送っていた。

本文で述べた通り、ナチの親衛隊は撤退の際、大量殺害に使用したガス室などを証拠隠滅のために破壊しており、「第二」の敷地で公開されているガス室は戦後に再建されたものである。もし自分が被収容者であったなら、と想像しながら各施設を見学すれば、皮相的な「ホロコースト否定論」に軽い気持ちで与することの罪深さを理解できるだろう。

第四章

シンガポール

シンガポール

——軍司令部の命令による市民殺害

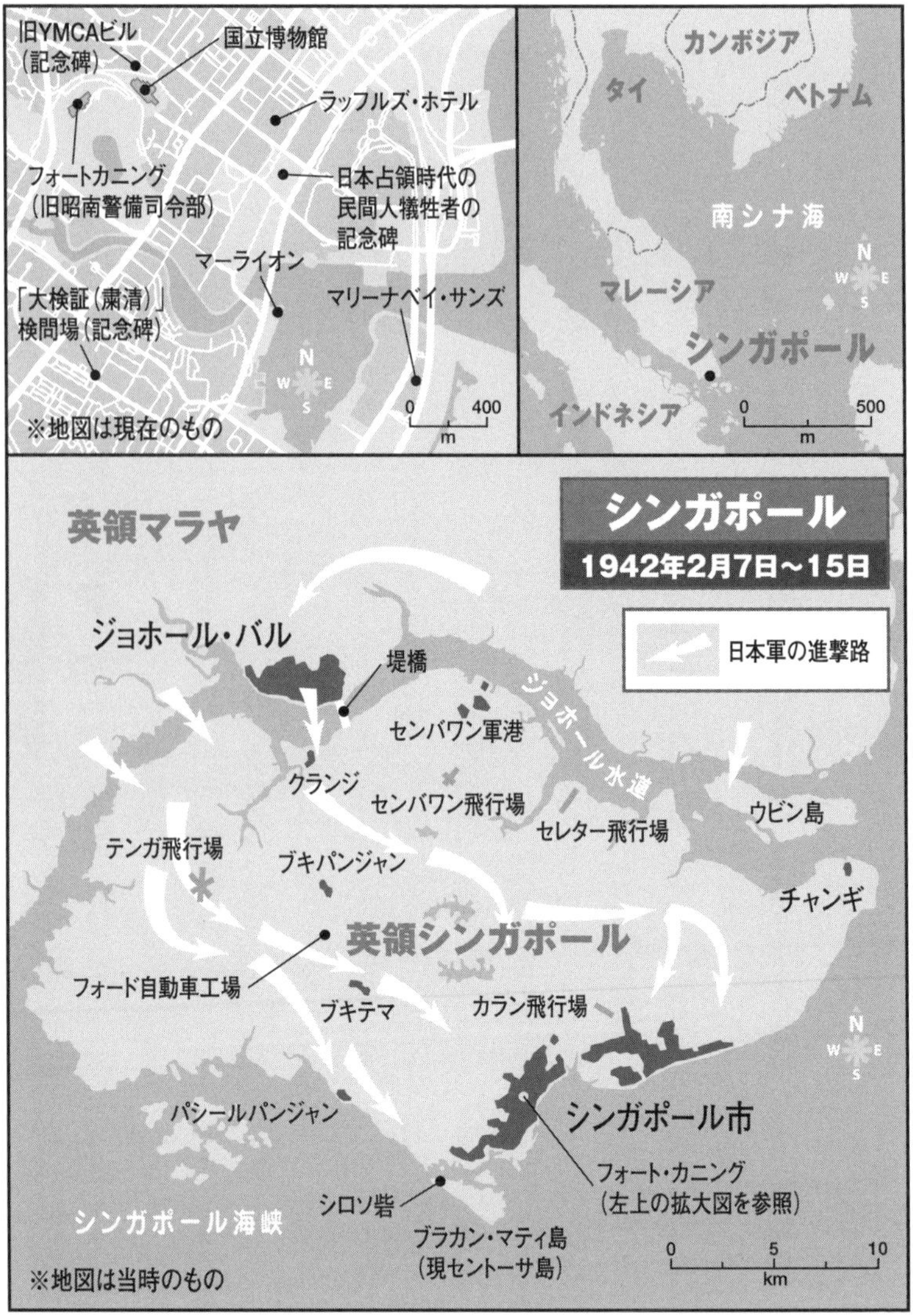
旧YMCAビル
(記念碑)
国立博物館
ラッフルズ・ホテル
フォートカニング
(旧昭南警備司令部)
日本占領時代の
民間人犠牲者の
記念碑
マーライオン
「大検証(粛清)」
検問場(記念碑)
マリーナベイ・サンズ
N
W
E
S
0
400
m
※地図は現在のもの
カンボジア
タイ
ベトナム
南シナ海
マレーシア
シンガポール
インドネシア
0
500
m
英領マラヤ
シンガポール
1942年2月7日～15日
日本軍の進撃路
ジョホール・バル
堤橋
センバワン軍港
ジョホール水道
クランジ
センバワン飛行場
セレター飛行場
ウビン島
テンガ飛行場
ブキパンジャン
チャンギ
英領シンガポール
フォード自動車工場
ブキテマ
カラン飛行場
パシールパンジャン
シンガポール市
シロソ砦
フォート・カニング
(左上の拡大図を参照)
シンガポール海峡
ブラカン・マティ島
(現セントーサ島)
0
5
10
km
※地図は当時のもの

◉——東南アジアの中心部で日本軍が行った中国系市民の大量殺害

東京の南西約五三〇〇キロの赤道付近にある、東西約四二キロ・南北約二三キロの島国シンガポールは、観光地として日本人にも人気の場所だが、日本と米英両国の開戦で第二次世界大戦がアジア太平洋地域に拡大した一九四一年十二月の時点では、北の隣国マレーシア（当時の呼称はマラヤ）と共に、イギリスの植民地という地位にあった。

観光名所として旅行者がよく訪れるのは、口から水を吹くマーライオン（上半身がライオン、下半身が魚という伝説上の動物をモチーフにした像）や、屋上部分にプールと空中庭園がある総合リゾートホテルのマリーナベイ・サンズ、大型観覧車シンガポール・フライヤー、二〇一八年六月十二日に米朝首脳会談が行われたセントーサ島などだが、最高級ホテルのラッフルズから交差点を挟んだ向かい側の「戦争記念公園」にある、高さ約六八メートルの白い記念碑に関心を寄せる日本人観光客は、決して多くはないだろう。

土台の部分には、次のような文字が記されている。

「MEMORIAL TO THE CIVILIAN VICTIMS OF THE JAPANESE OCCUPATION（日本占領時代の民間人犠牲者の記念碑）1942-1945」

そこから北西に九〇〇メートルほどの場所に、戦後近代的なビルに建て直された施設があるが、その敷地の端には、英語、マレー語、タミル語、日本語の四か国語で次のような説明を記した小さな記念碑が立っている。

「憲兵隊東支部　かつてここにあった旧YMCAビルに憲兵隊東支部が置かれた。憲兵隊による『粛清』行動のなか、抗日活動の嫌疑を受けた大勢の華人が生命を落とした。抗日容疑者たちは取り調べで拷問を受け、その悲鳴がビル周辺の静寂を破ることもしばしばであった」

華人とは、中国系のシンガポール市民を表す言葉だが、ここで書かれている「憲兵隊」は、太平洋戦争当時に同地を占領した日本陸軍の憲兵隊である（第二章を参照）。

また、その場所から一・五キロほど南の、チャイナタウンの中心部にある交差点には、同様に四か国で以下の説明を記した記念碑が、歩道の広場に設置されている。

「『大検証（粛清）』検問場　ここは憲兵隊がいわゆる『華僑抗日分子』の選別を行った臨時の検問場の一つである。1942年2月18日、憲兵隊による『大検証』が始まった。18歳から50歳までのすべての華人男性は、取り調べと身元確認のため、これらの臨時検問場に出頭するよう命じられた。幸運な者は顔や腕、あるいは衣類に『検』の文字を押印されたのち解放されたが、不運な人々はシンガポールの辺鄙な場所に連行され処刑された。犠牲者は数万人と推定される」

この三つの記念碑に記された内容を見れば、太平洋戦争の序盤でシンガポールを占領した日本軍が、市民に対してどんなことをしたのか、その輪郭がおぼろげに見えてくる。

日本軍関係の記録や証言では約五〇〇〇人、シンガポール側の公式記録では約五万人の市民が、日本軍に刃向かう「抗日分子」の烙印を押されて殺害されたのである。

いったいなぜ、日本軍はそんな行動をとったのか。その背景に目を向けると、本書の第二章で取り上げた、上海から南京への前進途上における日本軍の行動に通じる動機が存在していたことがわかる。その動機とは、中国系市民に対する疑心暗鬼である。

【市民殺害の情景】日本軍による中国系市民の選別と大量殺害

◉──対敵協力者と見なした中国系市民を子どもまで殺害

山下奉文中将を司令官とする日本陸軍の第25軍は、一九四一年十二月八日の対米英開戦と同時にマレー半島のイギリス植民地（英領マラヤ）を素早い機動戦で攻略し、一九四二年二月八日の夜には発動機付きのボート多数で、ジョホール水道と呼ばれる狭い海峡を越えて、その南側に位置する英領シンガポールへとなだれ込んだ。

そして、開戦から六九日後の一九四二年二月十五日、イギリス軍の現地部隊司令官アーサー・パーシバル中将は、シンガポール島のほぼ中心部にあるフォード自動車工場の建物で山下中将と机を挟んで対峙し、打ちひしがれた表情で、日本軍への降伏を受諾した。

このマラヤとシンガポールのあっけない陥落は、日本海軍による真珠湾攻撃の成功に続く日本陸軍の「快挙」として、多くの日本国民を熱狂・歓喜させた。だが、軍部による検閲を受けた報道にしか接する機会のなかった当時の日本人は、日本軍がシンガポールの占領前後に現地の中国系市民にどんなことをしていたのか、戦後になるまで知らなかった。

降伏交渉が行われたフォード工場は、ブキテマ高地と呼ばれる場所にあったが、同地一帯ではシンガポール攻防戦の天王山とも言うべき激戦が繰り広げられていた。この戦いには、イギリス軍に訓練された中国系市民の義勇兵（後述）も参加していた。日本軍は二月十二日までに、同高地周辺からイギリス軍の部隊を一掃したが、翌二月十三日、第5師団歩兵第21連隊の所属部隊が、中国系市民を無差別に殺害する事件が発生した。

「直ちに旅団予備の第二大隊に『華僑を掃滅せよ』との命令が下された。戦火から身を守るブキテマ華僑七百余人は付近の防空ごうに退避していたが、この中に抗日分子が潜伏し無線基地を造っていた。もはや一刻の猶予もなかった。大隊長は七中隊長に華僑掃滅を命じた。スパイ検問の余裕なく老若男女、幼児もろとも殺害に及んだ。射殺、刺殺、あらゆる手段を用い、はてはごう内に住民を封じこめ手りゅう弾で爆殺した。将兵らの目は血走り、鬼気迫る惨状であった。（略）作戦上の緊急手段であったとはいえ、多数の罪のない住民を殺害した」（同連隊の第2大隊本部付将校の証言）

同じ第5師団の別の兵士は、「日本軍が入ってきても逃げないで家に留まっている住民はスパイだ。日本軍の動向を敵に知らせるために残っているのだ」と決めつけて中国系市民五～六人を拘束し、ゴム林に連行して殺害した（現場にいた従軍記者の証言）。

ブキテマ一帯で中国系市民が大量殺害された事件については、シンガポール側でも数多くの証言が残されている（一九四七年四月十九日付の現地紙『星洲日報』など）。

日本兵が「無線連絡や電灯の合図で日本軍の位置を敵に知らせている」と決めつけて、女性や子どもを含む中国系市民を尋問もなしに大量殺害した構図は、一九三七年の上海戦で日本軍がとっていた行動とも重なるが、シンガポールではイギリス軍の降伏で戦闘が終結した後も、市民の殺害がさらに拡大していくことになる。

その第二段階は、中国系市民に対して行われた「検証」と「処分」だった。

◉──第25軍の山下司令官が発した「華僑粛清」の命令

一九四二年二月十四日、日本政府（大本営政府連絡会議）は、シンガポール島の地名を「南方を昭（あきら）かにする」という意味を持つ「昭南島」へ変更すると決定した（天皇の内諾を得たのち二月十七日に公式発表）。この地名の変更は、日本政府によって一方的に行われ、シンガポールの住民は一切異議を唱えることを許されなかった。

日本軍の第25軍司令部は、シンガポール市内の治安確保とそこに残るイギリス軍部隊の武装解除をスムーズに進めるため、言い換えれば一九三七年十二月の南京占領時のような事態の発生を防ぐため、連日の激戦で感情が高ぶっている戦闘部隊の主力は市の郊外までしか進ませず、軍の憲兵隊と、各師団から一〇〇ないし二〇〇人規模で臨時に配属された歩兵部隊から成る補助憲兵隊だけを、その任務に当たらせる方針をとった。

二月十六日の朝、日本軍の憲兵隊がシンガポール市内に入り、あらかじめ割り当てられた地区を制圧したが、イギリス兵や現地の抗日ゲリラとの衝突は起きなかった。

二月十七日、かつてパーシバルの英マレー軍司令部が置かれていた市の中心部、フォートカニングと呼ばれる木々に覆われた丘の建物に、シンガポール市内の治安維持を統括する「昭南警備司令部」が設置され、第5師団第9旅団長の河村参郎少将が、二月十八日付で同司令官に任命された。

昭南警備司令部は、大石正幸中佐を長とする第2野戦憲兵隊を基幹とし、第5師団の歩兵二個大隊が「補助憲兵」として臨時に配属されていた。

翌十八日、山下中将は河村少将に次のような内容の「掃蕩作戦命令」を下達した。

「軍は間もなく、その中心部隊（近衛師団など）を新しい作戦（インドネシア侵攻など）に移すが、この地の治安は非常に悪い。ゲリラのように抗日中国人が軍の作戦を妨げている。よって軍司令官（山下）は、これらの抗日分子の絶滅を企図する」

その後、軍参謀長の鈴木宗作中将から「掃蕩」の対象（元義勇軍兵士、共産主義者、略奪者、武器を所有・秘匿する者、日本軍の作戦を妨害する者、治安と秩序を乱す者、治安と秩序を乱すおそれのある者）とその手段（全ての抗日分子を秘密裏に処分、作戦参謀の辻政信中佐を暫定的に監督者として派遣）を聞かされた河村少将は、その過激な手法に驚き、質問しようとしたが、鈴木中将は「中国人を殺すことについて議論や意見があるが、軍によって綿密に検討され、軍司令官が決定したものだ」として質問を遮った。

そして、監督者に任命された辻中佐は「地下に潜った義勇軍兵士や共産主義者によってゲリラ戦を開始する準備が進められている」と述べ、二月二十四日から三日間にわたりシンガポール市内で軍政会議が開かれる予定となっているので、「この粛清は二月二十三日までに実行されなくてはならない」という「軍司令官の命令」を河村少将に伝達した。

実際には、シンガポールを占領後に同地の中国系市民を大量に殺害するという計画は、シンガポールへの上陸が実施される以前(一九四二年一月末から二月初め)に鈴木中将から第2野戦憲兵隊長の大石中佐に伝えられており、河村少将が聞いた「市内の治安」云々は後付けの理由だった。シンガポール郊外の旧イギリス人居住地域では、住民による掠奪が発生していたが、占領後のシンガポール市内の治安は安定していたことが、多くの日本軍人の日記等に記されており、山下の言う「市内の治安悪化」という事実は存在しなかった。

河村少将に「掃蕩」の要旨を伝えた第25軍の鈴木参謀長自身、二月十八日に次のような電報を東京の陸軍参謀次長宛に発信している。

「昭南市の接収は、きわめて順調に進捗し、治安もまた迅速に回復しつつあり」

河村少将は、この軍命令に基づき、二月十九日から二十三日に市内の数か所で中国人住民の「検証」を行うよう、指揮下の憲兵隊指揮官に命令した。「治安と秩序を乱すおそれのある者」

などの条件は漠然とし過ぎて判断に困るため、対象からいったん外されたが、選別の基準は全地域で統一されておらず、現場が恣意的に判断する余地は残された。

◉――杜撰な「選別」と機関銃による市民の大量殺害

二月十九日、シンガポール市内のあちこちの街角に、軍司令官（山下）の名で次のような布告を記した紙が掲示された。

「昭南島在住の華僑で、十八歳以上五十歳までの男子は、来る二月二十一日正午までに左の地区に集結すべし」

この文に続いて、集合場所として広場や交差点などいくつかの場所が指定され、手続きが長時間にわたる場合に備えて「右に違反する者は厳重処罰さるべし。なお各自は飲料水および食糧を携行すべし」との文言が付記されていた。

実際には、各憲兵隊における命令内容の理解にばらつきがあり、この年齢制限も厳密には守られなかった。ある場所では十二歳から七十八歳までの中国系市民が集められ、別の場所では女性も「検証」の対象となっていた。

この布告内容を見た中国系市民が、水と食べ物を持って指定された場所に赴くと、武装した憲兵と補助憲兵が鉄条網で囲った狭い領域へと彼らを誘導した。そして、憲兵による「検証」作業が行われたが、その方法も各憲兵隊ごとに違っていた。

ある場所では、一人ずつ机の前に立たされた対象者に対し、鋭い眼光の憲兵が「蔣介石と汪兆銘（南京の親日中国政府の指導者）のどちらが好きか？」「中国語を話せるか？」「中国に金を送ったことがあるか？」「教職員か？」「陳嘉庚（タンカーキー、抗日運動の指導者）を知っているか？」「日本をどう思うか？」などと質問して、その答えによって対象者を「右」と「左」に選別した。

別の場所では、憲兵の座る机の前を一人ずつ対象者に歩かせ、顔や服装、態度などで「右」と「左」に選別した。眼鏡をかけている者は「インテリ」、身なりのよい者は「裕福な華僑」、刺青をしている者は「蔣介石に通じる秘密結社の団員」と判断されて、日本軍に反抗的な態度を示した者たちと共に、一方へ集められた。この選別作業には、地元の警察官に覆面姿で立ち会わせ、対象者の身元を証言させる場合もあった。

選別作業で「問題なし」と判断された中国系市民は、憲兵によって服や腕に「検」の判を押されるか、その判を押した紙を受け取って釈放された。

しかし、そうでない側に集められた中国系市民は、即座にトラックの荷台へ載せられ、一台のトラックに数十人が詰め込まれると、すぐにどこかへと走り去った。

トラックが向かった先は、多くの場合、シンガポールの海岸だった。停車したトラックから降ろされた中国系市民は、砂浜に並ばされ、補助憲兵隊の機関銃で射殺された。累々と横たわる死体は、銃剣でとどめを刺されたあと、そのまま海に流されたが、すぐにまた海岸へと流れ着くので、当時のシンガポールの海岸には死体が散乱していた。

シンガポール島の南に浮かぶブラカン・マティ島（現在の呼称はセントーサ島）に着いたトラックは、荷台の中国系市民に「島流しにする」と伝えて小船に乗せ、それが沖合へと出たあと、同様に機関銃で射殺した。死体を海に捨てた小船は港へと戻った。

内陸部の林や谷へとトラックで運ばれた中国系市民は、自然の窪みや谷、または自分たちで掘らされた穴の淵に並ばされて、機関銃で射殺された。一部の補助憲兵隊は、日本刀で一人ずつ首を切り落とす方法を用い、死体は穴の中に落として土をかけられたが、多くの場合は埋め方が足りず、腐敗した死体の悪臭が周囲に漂うことも多かった。

⦿――軍司令部への申し開きのため「何でもよいから数だけ殺してくれ」

こうした「検証」と「処分（処刑）」は、予定していた二月二十三日には終わらず、二月二十五日まで続けられた。作業途中の二月二十一日、辻中佐はある憲兵指揮官に「容疑者を何人選別したか？」と質問し、相手が「今のところ七〇名であります」と答えると、次のように大声で怒鳴りつけた。

「何をぐずぐずしているのか！　俺はシンガポールの人口を半分にしようと思っているのだ！」

また、近衛師団に所属した通信小隊長は、同師団に向けて「例のT参謀」が発した言葉を、当時の日記に基づく回顧録で次のように記している。

「五師団はすでに三百人殺した。十八師団は五百人殺した。近衛師団は何をぐずぐずしているんだ。足らん足らん。全然足らん」

辻以外の第25軍司令部の参謀たちも、彼らが「脅威」と見なす中国系市民の「処分（処刑）」の進捗状況に苛立ち、憲兵隊に圧力をかけていた。軍参謀の朝枝繁春少佐は、いきなりフォートカニングの昭南警備司令部に乗り込み、軍刀を抜いて憲兵を恫喝した。

「軍の方針に従わぬ奴は、憲兵といえどもぶった切ってやる！」

シンガポール市内の「粛清」が二月二十五日に終了したあとも、シンガポール全体における中国系市民の大量殺害は終わらなかった。市の郊外でも、同様の作業が実行されることとなり、シンガポール攻略戦に参加した三個師団の中で唯一「戦功が足りない」として軍司令部からの「感状」を出されなかった近衛師団が、この任務を命じられた。

西村琢磨中将の率いる近衛師団が、第25軍司令部から「昭南島（昭南市を除く）の迅速なる治安粛清ならびに戦場掃除」を命じられたのは、二月二十一日のことだった。二日後の二月二十三日には、この作業を二月末までに完了させよとの追加命令を受けた。

西村師団長は、同師団がすでにインドネシアのスマトラ島攻略に向けた移動準備を開始しており、そのような短期間に任務を遂行することは不可能だと抗議したが、第25軍参謀長の鈴木は「軍の作戦命令はすでに出された」として取り合わなかった。そのため、西村は傘下の近衛歩兵旅団長である小林隆少将に、この作業を行うよう命じた。

こうして、市民殺害の第三段階が、二月二十八日から三月一日にかけて、シンガポールの郊外で実行された。「T参謀」に恫喝された近衛師団の司令部は、補助憲兵隊の小隊長に「とにかく軍への申し開きができるよう、何でもよいから数だけ殺してくれ」との命令を下し、その小隊は集めた中国系市民を「人相だけで」選別して殺害するという作業を行い、殺した中国系市民の人数を水増しして軍司令部に報告した。

前記した近衛師団所属の通信小隊長によれば、実行した補助憲兵隊の小隊長は「やらされたことの辛さに、夜宿舎で声をあげて泣いていたという」。

三月十五日、昭南特別市庁が発足し、シンガポールにおける日本の統治形態は軍政から民政へと移行したが、シンガポールはこれ以後一九四五年の敗戦まで、大日本帝国の「昭南特別市」という地位に留め置かれ、独立が考慮されることは一度もなかった。

そして、シンガポールだけでなくマレー半島でも、第25軍司令部が二月二十一日に発した命令に基づき、日本軍部隊による中国系市民の選別と大量殺害が行われたのである。

日本軍はなぜシンガポールで中国系市民を殺したのか

◉——シンガポールの中国系市民と日中戦争の関係

東南アジアにおけるイギリス軍の最重要拠点であったシンガポールの占領により、日本軍は軍事的な目的をすでに達成したはずだった。それではなぜ、第25軍の山下軍司令官と軍司令部の参謀たちは、慌ただしく中国系市民の大量殺害を命じたのか？

それを知るには、まず太平洋戦争の勃発する一九四一年十二月以前の、日中戦争期における中国本土とシンガポールおよびマラヤの中国系市民の関係に目を向ける必要がある。

太平洋戦争の勃発から半年前、一九四一年六月の推計では、英領シンガポールの人口は約七六万九〇〇〇人で、その約八割に当たる六〇万人は中国人だった。次に多いのは七万七〇〇〇人のマレー人で、インド人は六万人、欧州系住民は一万五〇〇〇人だった。

その後、日本軍のマレー半島縦断に伴い、マラヤから大勢の市民がシンガポールへと脱出し、日本軍占領時のシンガポールの中国系市民の数は、約八〇万人と見られている。

共にイギリス植民地だったマラヤとシンガポールを合わせた数字だと、開戦前の総人口は約五五二万人で、約二三八万（四三パーセント）の中国人が、やはり多数派を形成していた。中国人は、錫鉱山労働者の八〇パーセント、工場労働者の七七パーセントを占めていたほか、広範囲に物を扱う商人として、マラヤ経済の重要な根幹を担っていた。

フランスやオランダが、東南アジアでの植民地経営の中枢から華僑（中国人）を排除したのに対し、イギリスは逆に植民地の華僑を積極的に登用する方策をとった。税金や財産所有権などにおける法律上の優遇措置も、各種の企業内においても、華僑は白人と同等の権利を付与され、政治的な発言権も一定の範囲内で保障されていた。

また、日本軍が侵攻する以前のマラヤとシンガポールでは、社会的に中国人とマレー人、インド人の住み分けが成立しており、民族間対立はさほど深刻ではなく、独立を求める武力闘争もなかった。しかしその一方で、シンガポールは一九三七年七月の日中戦争勃発以降、対日抗議運動が東南アジアで最も活発に行われた場所であり続けていた。

日中戦争の勃発から一か月後の一九三七年八月十五日、一〇〇を超える英領マラヤ内の華僑団体の代表者がシンガポールに集まり、日本軍と戦う国民党を支援するための大会を開催し、義捐金募集などを行った。一九三八年十月には周辺のタイ、仏印、蘭印、フィリピン、香港などの華僑団体の代表が同地で一堂に会し、南僑総会と呼ばれる抗日支援の国際的な華僑組織がシンガポールで結成された。

こうした抗日支援運動で指導的役割を果たしていたのが、シンガポールの大財閥を率いる名士で憲兵隊の質問にも名前が挙がった、陳嘉庚だった。

一九三七年七月から一九四〇年十月までの約三年間に、中国国民政府が海外の華僑から受け取った献金二億九四〇〇元のうち、四割を超える一億二五〇〇万元は、英領マラヤの華僑からの献金だった。マラヤとシンガポールに住む中国人にとって、母国である中国に侵攻した日本は「間接的な敵国」だった。

これを逆の側、つまり日本軍から見れば、マラヤとシンガポールの中国系市民も同様に「敵の味方」、つまり戦うべき相手という図式となる。

◎――マレー半島を進撃する日本軍が遭遇した中国人の抵抗

そしてもう一つ、中国系市民の大量殺害を引き起こした重要な原因として無視できないのは、マレー半島とシンガポールを進撃する日本軍が遭遇した、地元の中国系市民から成る義勇兵の存在だった。

中国系市民の義勇兵部隊として特に有名なのは、イギリス人のシンガポール警察副総監ジョン・ダリー大佐の指揮下で編成された中国人共産党員から成る部隊「ダルフォース」(中国名「星州華僑義勇軍」、星州とはシンガポールのこと)だが、最近の研究では、同部隊の戦功が実際よりも過大評価されてきたとの指摘もなされている。

前記した通り、シンガポール占領後に中国系市民を大量に殺害する計画は、同地の戦闘が始まる以前に第25軍司令部から第2野戦憲兵隊へと下達されたもので、日本軍の将兵に激しい報復感情を植え付けた中国系の義勇兵とは、ダルフォースなどのシンガポールのそれではなく、マレー半島を進撃中に遭遇した武装勢力のことだった。

彼らは、普通の市民と変わらない服装で日本軍に近づき、手榴弾を投げたり物資の輸送トラックを襲ったりした後、再び群集に紛れるという戦法を多用した。その結果、マレー半島を南下する日本軍の兵士は、中国系の住民を見ると疑心暗鬼の感情に駆られて、突発的に殺害したり、村ごと焼き払うなどの過激な手段で応じるケースが多発した。

実際には、マレー半島で日本軍に対するゲリラ闘争に加わった中国系市民は、全体の人口からするとごく一部で、彼らの大部分は日本軍を歓迎する気はなくても、武力闘争に加わる意思も持たなかった。だが、山下中将をはじめ、日中戦争で中国人の「便衣兵」に苦しんだ経験を持つ将校たちは、中国で行ったのと同様の手法で、問題の解決を図った。

英領マラヤと英領シンガポールを占領後、両地域に住む中国系市民を「粛清」するというアイデアは、辻政信や朝枝繁春らの第25軍司令部の参謀が発案し、司令官の山下奉文が了承したという構図で語られることが多い。

だが、戦勝後に「マレーの虎」の異名をとった山下の経歴に光を当てると、中国系市民の大量殺害という軍命令に繋がる行動を、過去にも行っていた事実が浮かび上がる。

山下奉文は、第25軍司令官に着任（一九四一年十一月六日）する前、日中戦争で中国軍と戦う北支那方面軍参謀長だった時代の一九三九年四月二十日に「治安粛正要綱」という文書を作成したが、その中には次のような条文が含まれていた。

「第二　治安粛正は我が軍隊の威力に依りて、残敵および匪団を剿滅（殲滅）もしくは威服する粛正討伐と、次いでこれに膺接すべき治安工作と相まってその成果を全うするものとす（略）」

「第三十七　憲兵は軍事警察に関しては、軍機の保護および防諜ならびに軍紀の維持、その他軍事上の利益を害し、または軍に不利なる影響を与える各種陰謀および策動の予防鎮圧に任ずるものとす」

「第三十八　（略）逐次匪賊の便衣化するに及んで、憲兵の警務的技能に期待するところはいよいよ増加するものとす」

◉——日本軍に協力しない者は「断乎その生存を認めない」

当時の北支、つまり北京（北平）とその周辺地域では、第二章で述べた「便衣兵」や、自発的に対日戦へと身を投じた市民の戦闘員が、日本軍の統治に抵抗する活動を根強く続けており、日本兵は一般市民と見分けがつかないそれらの戦闘員に苛立っていた。山下が作成した「治安粛正要綱」も、日本軍に抵抗する現地住民を「匪団（犯罪集団）」と決めつけて「殲滅」の対象とする語法が示すように、いつまでも抵抗を止めない中国人に対する苛立ちと疑心暗鬼から、戦闘部隊と憲兵の実力行使を実質的に認めるものだった。

この「治安粛正要綱」の策定に際しては、一九三〇年代に満洲国で治安粛正に当たった経験を持つ、支那駐屯憲兵隊司令官の佐々木到一中将による献策があったが、佐々木は第二章で触れた通り、一九三七年の南京攻略戦に第16師団歩兵第30旅団長として従軍し、中国人の民家に踏み込んだ際には「問答や憐憫はこの場合絶対に禁物である。とっさの間に銃剣か弾丸がすべてを解決する」という解決法を実践した人物である。

佐々木と同様、一九三〇年代前半から中国で特務機関（謀略や秘密工作を行う軍の下部組織）の活動に従事し、シンガポール占領時には第25軍の軍政副部長だった渡辺渡大佐も、一九四一年五月七日に陸軍大学校で行った講演において、自らの中国での経験を踏まえた上で、次のように語っていた。

「漢民族は、煮ても焼いても食えない、度し難い者である」「速やかに武力を背景として、厳乎としてこれが治安維持に当たることが必要」「我に反抗し、不利を与える者は、厳重な処置を執るということ、そしてこれは必ず実行して見せなければならない」

太平洋戦争勃発前月の一九四一年十一月二十日に、日本の大本営政府連絡会議が作成した「南方占領地行政実施要領」と題された軍政施行計画案では、マラヤおよびシンガポールでの軍政施行計画の民族対策として「華僑は我々の施策に協力させる方針をとる」、つまり弾圧や粛清をむやみに行わないと記されていた。

第25軍司令部も、開戦当初はこの方針に基づいて事態に対処していたが、マレー侵攻作戦が進行していた同年十二月末頃に軍司令部が作成した「華僑工作実施要領」では、華僑に対する「誘引(懐柔)工作」は今後は行わず、日本軍に服従を誓って協力する者以外は「断乎その生存を認めない」との方針に大きく転換していた。

これらの事実が示す通り、シンガポールで日本軍が行った中国系市民の大量殺害は、辻や朝枝などの「ごく一部の参謀による暴走」ではなく、山下司令官以下、第25軍司令部全体の意向として実施された、軍命令に基づく行動だったのである。

山下奉文とフィリピンにおける日本軍の市民大量殺害

◉——シンガポールで中国系市民を虐殺から救った日本人

日本軍の憲兵隊が占領直後のシンガポールで中国系市民を大量に殺害していた時、その動きに反する行動をとる日本人も存在していた。

太平洋戦争の発生当時、外務省の職員としてシンガポールに駐在した篠崎護である。

山下とパーシバルの降伏交渉が行われたフォード自動車工場の建物は、現在では日本軍占領当時の状況と、それに続く「昭南島」時代の苛酷な日本支配について展示する博物館として公開されている。憲兵隊による市民の拷問と大量殺害、日本語教育の強制など、当時の日本軍が行った行為に対する批判的な内容が多いが、そこに「シンガポール市民を虐殺から救った日本人」として、篠崎が写真入りで紹介されている。

第25軍司令部が憲兵隊に実行させた、中国系市民の大量殺害を理不尽だと理解していた篠崎は、昭南警備司令官の河村少将から与えられた同司令部の「嘱託」という地位を活用して、戦前に親交のあった中国系市民を救うための「保護証」を発行した。

保護証には、氏名と生年月日を書く欄の隣りに「右の者、戦前より我方と関係ある者に付、途中通行の安全並に保護供与相なりたし」との文言があり、発行年月日と「警備司令部特外高」の署名および印が記されていた。「特外高」とは、特別外事高等係の略で、当時のシンガポールでは「警備司令部特外高」という肩書きが絶大な威力を発揮した。

噂を聞きつけた市内の中国系市民は、自分にも書いて欲しいと篠崎に願い出たが、その数があまりに多かったことから、篠崎は姓名年齢を空欄にした保護証の用紙を、宗教団体や慈善団体などにまとめて渡した。リトアニア領事代行として大勢のユダヤ人難民に「命のビザ」を発行した杉原千畝を彷彿とさせるが、彼に命を助けられた中国系市民の数は数千人ともいわれ、現在でも彼の勇気ある行動はシンガポールで高く評価されている。

また、近衛師団がシンガポール市の郊外で実行した第三次「粛清」の最中、殺害対象のグループに選別されたのち、幸運にも生き延びた中国系市民の証言が残されている。

その人物は、二〇人ほどのグループで身柄を拘束されていたが、年輩の一人が監視役の日本兵と筆談でやりとりを始めた。日本兵が「お前らは蔣介石の支持者だ」と地面に文字を書いたところ、年配者は「自分たちは魚や野菜を売って生活している者だから、中国に送る金などない」と書き、それを見た日本兵はしばらく考え込んだ様子だったという。

そして、いよいよ「処分」の順番が回ってこようとした時、その日本兵は彼らをゴム園へと連れ出して、そのまま逃がした。市民の命を救った日本兵の名は、不明である。

⦿──フィリピンのマニラでも繰り返された市民の大量殺害

マレー半島とシンガポールを征服した山下は、一九四二年七月一日に満洲の第1方面軍司令官となったが、太平洋戦争の戦況が日本の敗勢へと傾きつつあった一九四四年九月二十六日、アメリカ軍の反攻から旧米領のフィリピン（シンガポール同様、一九四二年に日本軍が占領）を防衛する第14方面軍司令官に就任した。

フィリピンをめぐるアメリカ軍との戦いは、その翌月の十月二十日に始まり、一九四五年二月三日からはルソン島にある首都マニラでも激しい市街戦が開始された。

フィリピンは、実質的な日本の支配下で一九四三年十月十四日に形式的な独立を果たしていたが、市民に対する日本兵の暴力（平手打ちなど）や経済状況の悪化で日本軍に対する感情は悪化しており、戦況が連合軍の優位へ転じた一九四四年には、共産党系の「フクバラハップ（抗日人民軍）」や親米フィリピン軍人の残党を中心とする「USAFFE」など、大小の抗日ゲリラ組織による日本軍部隊への襲撃が頻発していた。

市民に紛れて日本軍を襲撃する、これらの抗日ゲリラに対する憎悪と疑心暗鬼から、日本軍部隊は米軍との戦闘開始と前後して、女性や子どもを含むフィリピン人の市民を「抗日ゲリラとその協力者」と見なして大量に殺害する行動を各地で実行した。

マニラ市内には、米軍が到着した時点で約七〇万人の市民がいたと見られているが、日米両軍によるマニラ市街戦が終了する三月三日までの約一か月間に死亡した市民の数は一〇万人に達し、その過半数が日本軍による殺害の犠牲者と考えられている。また、マニラ東方のタヤバス州インファンタや南方のバタンガス州リパなどの周辺地域でも、それぞれ数十人から数百人の市民が日本軍によって殺害された。

当時、リパでの市民殺害に従事した日本軍のある上等兵の手記によれば、彼の所属する部隊の指揮官は、部下の将校に次のような訓示を行ったという。

「ゲリラが、いかに我軍に危害を加えているか、諸士の報告で明瞭である。このゲリラを徹底的に粛清すべき時がきた！　住民でゲリラに協力する者あらば、そいつもゲリラと見做せ」「思い切りやってしまえ。後世の人間が世界戦史をひもといた時、全員が鳥肌立つような大虐殺をやってみせろ」

フィリピンにおける市民の大量殺害では、町や村のあちこちに存在する教会が利用された。通行証明書の発行や、食事の配給などの名目で住民をそこに集めたあと、外から扉を閉めて鍵をかけ、あらかじめ仕掛けておいた爆薬を爆発させる手法が各地で用いられた。二月七日には、マニラ市内のセントポール女子大でも、校舎と教会で市民が食事をとっていた時、日本軍が天井に仕掛けたダイナマイトが爆発し、多数の市民が死亡した。

別の場所では、学校や防空壕に押し込められた市民が、手榴弾や機関銃で殺された。

これらの市民殺害を命令したのは、マニラの守備を管轄する「マニラ防衛海軍部隊」司令官の岩淵三次海軍少将や、「北部フィリピン航空隊」指揮官の古瀬貴季海軍大佐、第8師団歩兵第17連隊長の藤重正従陸軍大佐などで、当時ルソン島北部の防衛を担う兵団を指揮していた第14方面軍司令官の山下が命じたものではなかった。

だが、山下は第14方面軍司令官への就任直後、参謀副長の宇都宮直賢大佐に「お前ら、断固とした態度をとらんから、相手（フィリピンの抗日ゲリラ）をつけあがらせるんだ。シンガポールでは最初にこう（と手を斜めにふり）、ぴしゃりとやったので、あとはおとなしくなったもんだ」と述べたとされており、直接的な市民殺害の命令は無かったとはいえ、山下の考え方にまったく反する行動であったとも言い切れない。

日本の敗戦後、山下はシンガポールとフィリピンにおける市民虐殺などを理由に戦争犯罪者として訴追され、一九四五年十二月七日に死刑判決を受けたあと、一九四六年二月二十三日に絞首刑が執行された。一九四七年には、シンガポールでも中国系市民殺害などの戦犯裁判が開かれ、昭南警備司令官の河村参郎と第2野戦憲兵隊長の大石正幸が死刑判決を受け、六月二十六日に絞首刑となった。

◉——日本軍による中国系市民の大量殺害がもたらしたもの

シンガポール市内ではいまだ「検証」が行われていた一九四二年二月二十三日、日本軍の監督下で発行された英字紙『The Shonan Times』に、日本軍昭南警備司令官の名で次のような布告が掲載された。

「昭南港の平和の速やかな回復と輝かしい馬来（マライ）の確立のために、敵対的反逆的な中国人の逮捕が徹底的に遂行されたことをここに宣言する」「我が大義を妨害するは人類の大敵なり、何人たるを問わず断乎として処断し寸毫も仮借せず」

だが、本当に当時第25軍司令部が想定したような「平和回復」の効果はあったのか？

中国系市民の「粛清」が行われた後の一九四二年三月六日にシンガポールへ着任した大谷敬二郎憲兵中佐によれば、シンガポールの憲兵隊の間では当時から「華僑粛清」という軍命令の効果に懐疑的だったという。彼は、尋問や証拠調べもせず「玉石混淆の惨殺」をすることに憤りを感じた憲兵将校の証言と共に、戦後の著書で次のように指摘した。

「この華僑弾圧は、第一、その後におけるマライ地区治安不良の重要な原因をなし、第二に華僑の軍政不協力となって酬いられることとなった」

日本占領下の「昭南特別市」で市政を担った日本人職員たちも、戦後の一九八六年にまとめた歴史記録集『昭南特別市政市』（昭南特別市政会編）の中で、軍による中国系市民の大量殺害を厳しく批判している。

「抗日、反日華僑の粛清と称して無辜の民を含む多数の中国人に対して無差別的に無惨な殺害を行ったのであった。この華僑粛清事件は中国人の心に、日本軍に対する消し去り難い怨恨と敵対の感情を植えつけてしまった」「悪化した中国人の対日感情は、その後三年半の占領期間中を通じて、市政にとって大きな重荷となった」「抗日ゲリラに（大義）名分を与え、その勢力を増大せしめる危険を生み、治安維持の上にもマイナスを作ることになったのである」

シンガポールが第二次世界大戦後に独立したあと、初代首相となり、「シンガポール独立の父」とも称される中国系シンガポール人のリー・クアンユーは、当時一八歳の青年として日本軍の「検証」を受け、幸運にも「検」の印を押されて生き延びた経歴の持ち主だが、のちに著した回顧録（邦訳は二〇〇〇年に日本経済新聞社より刊行）の中で、当時を次のように振り返っている。

「白人は生まれながらに優秀であるという優越神話をうち立てることに成功したので、多くのアジア人は英国人に刃向かうことなど現実的でないと思い込んでいた。しかし、アジアの一民族である日本人が英国人に挑戦し、白人神話をうち砕いてしまったのである。ところが日本人は我々に対しても征服者として君臨し、英国よりも残忍で常軌を逸し、悪意に満ちていることを示した。日本占領の三年半、私は日本兵が人々を苦しめたり殴ったりするたびに、シンガポー

ルが英国の保護下にあればよかったと思ったものである。同じアジア人として我々は日本人に幻滅した」（上巻、35頁）

本書の冒頭で紹介した、高さ約六八メートルの白い記念碑が完成して除幕式が行われたのは、リー・クアンユーが首相在職中だった一九六七年二月十五日（日本軍のシンガポール占領からちょうど二五年後）のことだった。中国系、インド系、マレー系、欧州系の四つの民族をあらわす四本の柱が寄り添う塔の土台部分には、各地で発見された殺害犠牲者の遺骨が納められた壺が設置され、台座には以下の言葉が刻み込まれている。

「深く永遠の悲しみをもって、日本軍がシンガポールを占領していた一九四二年二月十五日より一九四五年八月十八日までの間に殺されたわが市民たちを祈念して、この記念碑は捧げられる」

また、海上での大量殺害が行われたブラカン・マティ（意味は「背後の死者」）島の名称は、一九七二年に「平和と安寧の島」を意味するセントーサ島へと改称された。

ルポ

シンガポール

シンガポール

シンガポールは日本人にも人気の観光地で、飛行機の直行便も多い。しかし観光客の多くは、かつて日本軍がそこで何をしたのかを知らずに訪れているに違いない。有名なラッフルズ・ホテルのそばにある白い塔の名が「日本占領時代の民間人犠牲者の記念碑」だと聞いても、本章で述べたような史実を学校で教わらなかった日本人には、それが何を意味するのかわからない。

本文でいくつか紹介したように、シンガポールには日本軍の侵攻と日本統治時代を含む第二次世界大戦期の出来事を記憶に残すための記念碑が計二〇か所に建てられ、政府機関の「国家遺産局（ナショナル・ヘリテージ・ボード）」が管理している。そのうちの三か所は、海岸や海上で市民が日本軍に

◉日本占領時代の民間人犠牲者の記念碑

殺害された「虐殺の場所（マサカー・サイト）」を示しているが、これ以外にも中国系市民の殺害場所はいくつも存在していた。

日本軍が占領後に「昭南警備司令部」を置いた、フォートカニングの東側に建つシンガポール国立博物館には、同国の歴史を扱う常設展示がある。「SHONAN－TO（昭南島）」と題されたコーナーでは、日本占領統治時代に「シンガポールの市民が苦労させられたのは食糧と燃料の不足、病気で、特にひどかったのは、日本人による暴力と嫌がらせ（ハラスメント）であった」と説明されている。

激戦地であったシンガポール中部のブキテマ高地にある、イギリス軍の降伏交渉が行われた「旧フォード自動車工場」と、二〇一八年六月十二日に史上初の米朝首脳会談が開かれた南部のセントーサ島の西端にあるシロソ砦には、第二次世界大戦序盤の日英両軍の戦いとそれに続く日本統治時代を扱った博物館があるが、ここでも日本統治時代に行われた市民の虐殺や拷問、生き延びた市民を苦しめた食糧不足などの展示がある。

例えば、旧フォード工場博物館では、日本の東南アジア支配を指す「大東亜共栄圏」について「新たな帝国主義の勃興（ザ・ライズ・オブ・ア・ニュー・インペリアリズム）」と説明し、日本軍が見せしめに軍刀で斬首した現地人の生首の写真には「新たな秩序の創設」という見出しが付けられている。また、シロソ砦の博物館には辻政信中佐（当時）の写真の横に、彼が山下中将の許可を得て大量殺害を行ったとの説明が添えられている。

その一方で、シンガポール国立博物館と旧フォード工場博物館は共に、篠崎護の写真を添えて、彼が大勢の中国系市民を日本軍の虐殺から救った歴史的事実に言及している。

◉大勢の市民を救った篠崎護の功績を伝える展示

日本が「昭南島」としてシンガポールを自国に併合していた時代、現地の学校では日本語教育が行われ、新たに「昭南神社」を建立して住民に参拝を強制し、日本人の優越的地位を住民に思い知らせた。シンガポールを観光で訪れる前に、先の戦争中に日本軍がシンガポールで何をしたのかを知っておくことは、基本的な礼儀だと言えるかもしれない。

第五章

リディツェ

チェコ

——ナチ要人暗殺の報復で行われた市民の大量殺害

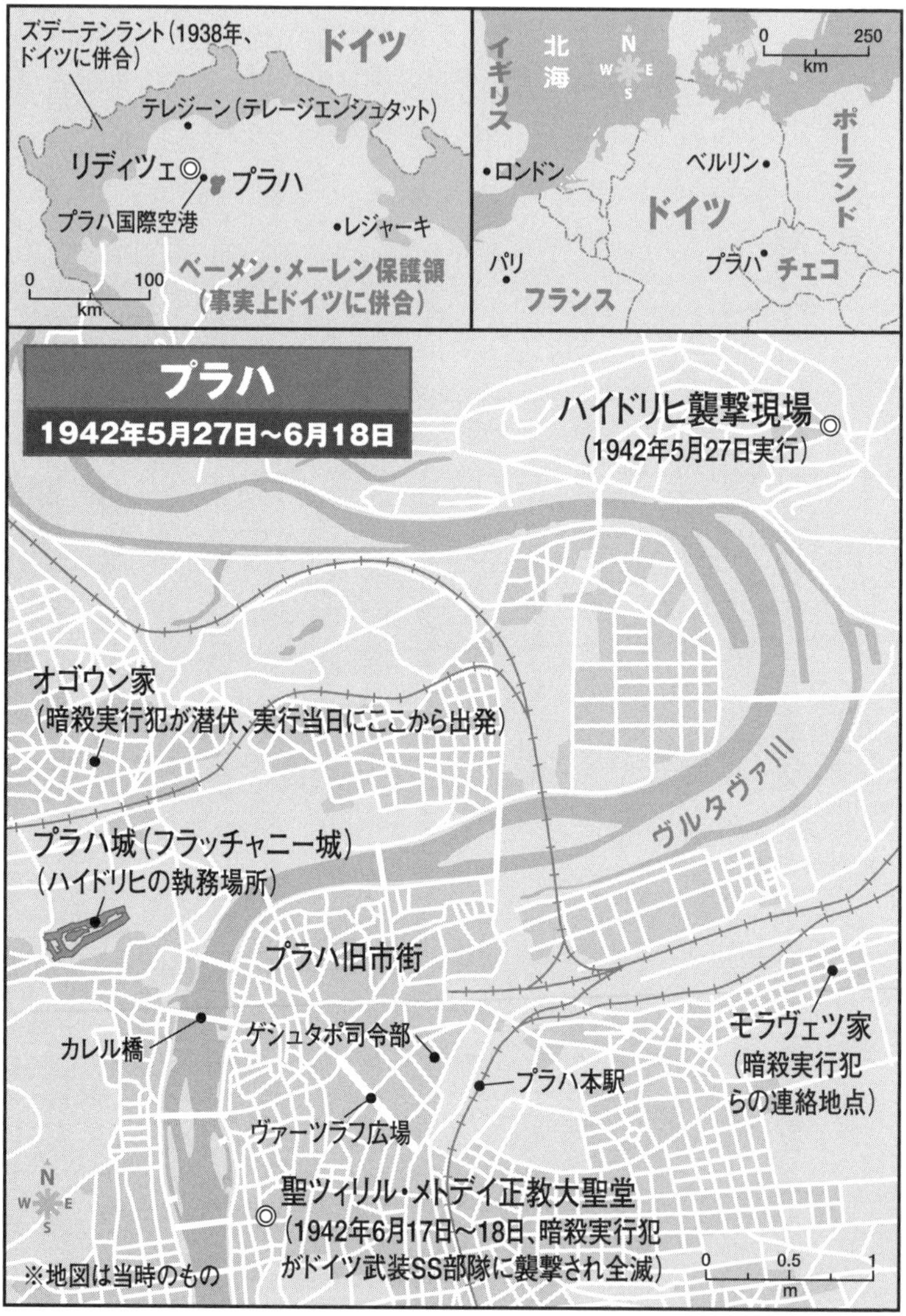
ズデーテンラント（1938年、ドイツに併合）
ドイツ
テレジーン（テレージエンシュタット）
リディツェ
プラハ
プラハ国際空港
レジャーキ
ベーメン・メーレン保護領（事実上ドイツに併合）
0 100 km
イギリス
北海
N W E S
0 250 km
ポーランド
ベルリン
ロンドン
ドイツ
パリ
プラハ
チェコ
フランス
プラハ
1942年5月27日〜6月18日
ハイドリヒ襲撃現場（1942年5月27日実行）
オゴウン家（暗殺実行犯が潜伏、実行当日にここから出発）
ヴルタヴァ川
プラハ城（フラッチャニー城）（ハイドリヒの執務場所）
プラハ旧市街
モラヴェツ家（暗殺実行犯らの連絡地点）
カレル橋
ゲシュタポ司令部
プラハ本駅
ヴァーツラフ広場
聖ツィリル・メトデイ正教大聖堂（1942年6月17日〜18日、暗殺実行犯がドイツ武装SS部隊に襲撃され全滅）
N W E S
※地図は当時のもの
0 0.5 1 m

◉――第二次世界大戦中は独立を失っていたチェコ

現在はチェコ共和国の首都である中欧の古都プラハは、ドイツを軸とする「東部戦線」と「西部戦線」のちょうど狭間に位置したこともあり、第一次と第二次の二度にわたる世界大戦でも、中世から残る建物の多くは戦災を免れて生き延びた。

現在、プラハには世界中から多くの観光客が訪れ、世界遺産に指定された「プラハ歴史地区」の散策を楽しんでいる。ヴルタヴァ川（ドイツ語ではモルダウ川）に架かる、三〇体の聖人の彫像が欄干に並んだカレル橋と、それを見守るように両端に立つ橋塔、旧市街広場の旧市庁舎にある精巧な天文時計、「百の塔を持つ街」と評される所以のさまざまな尖塔、西岸の丘で威容を誇るプラハ城（フラッチャニー城）など、一四〜一五世紀に築かれたボヘミア王国の栄華を今に伝える建造物が、街の景観を優美に彩る。

そんなプラハを擁するチェコは、東隣の国スロヴァキアと共に、第一次世界大戦後の一九一八年に「チェコスロヴァキア」として、オーストリア＝ハンガリー帝国から独立した国だった。しかし、第二次世界大戦が勃発した一九三九年九月の時点では、スロヴァキアはドイツの保護国として存在したものの、チェコの名は再び世界地図から消えていた。

重要な軍需産業を擁する工業国のチェコは、大戦勃発から半年前の一九三九年三月十五日以来、「ベーメン・メーレン（英語ではボヘミア・モラヴィア）保護領」という形で、隣国ドイツに事実上併合されていたからである（詳しくは後述）。

だが、主権国家の地位を失っていたとはいえ、チェコは第二次世界大戦の最中も、枢軸国のドイツと連合国のイギリスが激しく火花を散らす「戦場」であり続けた。

ロンドンに樹立されたチェコスロヴァキアの亡命政府は、イギリスの助けを得て国内の反独レジスタンスを支援する一方、国外に逃れた自国軍人を義勇兵としてイギリス軍に提供し、ヨーロッパの戦争で連合国を勝たせるための政治的謀略にも関与していた。

その結果として引き起こされたのが、一九四二年五月二十七日にプラハで起きたラインハルト・ハイドリヒSS大将の暗殺事件と、その報復としてチェコ各地で実行された市民の大量殺害だった。

その中でも、プラハ近郊のリディツェ村で同年六月十日に始まった一連の出来事は、第二次世界大戦におけるナチスの蛮行の一つとして特筆されている。

ナチス親衛隊（SS）とその傘下のゲシュタポ（秘密国家警察）が行ったのは、リディツェ村に住む成人男性一七三人の射殺と、女性や子どもの強制収容所への送致、そして三週間にわたって進められた、村全体の建物の完全な破壊作業だった。ナチス高官の暗殺という事件を「支配者であるドイツの権威への挑戦」と見なしたドイツ当局は、ひとつの村を住民もろとも地上から完全に消し去るという報復でその「挑戦」に応えようとしたが、実際にはリディツェ村の住民は、ハイドリヒ暗殺事件とはまったく無関係だった。

では、ハイドリヒを暗殺したのは何者だったのか。そして、ドイツ当局はなぜ、事件と何の関係もないリディツェ村の住民を「報復の標的」と設定したのか。
それを知る前に、まずはプラハの北東部、アルマーディィ通りとホレショヴィチェカーハ通りが鋭角で交差する場所、すなわちハイドリヒ暗殺の現場に光を当ててみたい。

【市民殺害の情景】「金髪の野獣」とよばれた男の死とその報復

◉――古都プラハで発生したハイドリヒ暗殺事件

第三章で述べたように、ラインハルト・ハイドリヒSS大将は、一九四二年一月二十日の「ヴァンゼー会議」を主宰するなど、ユダヤ人の大量殺害（ホロコースト）にも深く関わった人物だが、彼は一九四一年九月二十七日から、ベーメン・メーレン保護領の副総督という要職も兼務しており（詳しくは後述）、プラハ市の北約一四キロに位置するパネンスケー・ブジェジャニにある邸宅で、妻子と共に暮らしていた。

ハイドリヒは毎日、その瀟洒な邸宅からプラハ城内の総督府執務室へと、専用車である黒塗りのメルセデス三二〇型で通勤していた。彼は、身辺警護に細心の注意を払う他のナチス高官たちとは異なり、自らの統治能力とそれに対する市民の好意を過信していたこともあり、護衛を付けずにプラハ市内を移動することが多かった。暗殺事件が発生した一九四二年五月二十七日も、オートバイに乗る護衛兵などを同行させず、運転手兼ボディガードのヨハネス・クラインSS曹長と二人だけで車を南に走らせていた。

ナチス・ドイツの主要幹部の一人として、あるいはヒムラーに次ぐSSのナンバー2として冷酷に権勢を振るい、ナチスの人種政策で理想とされる「アーリア人的」な外見の特徴を備えていたことから「金髪の野獣」との異名を取ったハイドリヒだが、年齢はこの時まだ三八歳だった。「SS−3」という公用車のナンバープレートを付けたオープンカーの黒いメルセデスは、午前一〇時三五分頃、アルマーディ通りとホレショヴィチェカーハ通りの交差点に差しかかると、急角度で右折するためにスピードを落とした。

そして、路面電車とすれ違うようにして鋭角のカーブを曲がろうとした瞬間、ハイドリヒとクラインは、異変に気づいた。

道路脇の歩道にいた一人の男が、コートの下に隠していたイギリス製のステン短機関銃を構え、銃口をハイドリヒの方向に向けたのである。

ところが、短機関銃が動作不良を起こしたため、銃弾は発射されなかった。ハイドリヒ暗殺を試みた実行犯の一人、ヨゼフ・ガプチイクは、決定的な瞬間での予期せぬトラブル発生に狼狽した。一方、助手席のハイドリヒはすぐに立ち上がり、応戦するために腰のホルスターから自分の拳銃を抜こうとした。

それを間近で見ていたもう一人の実行犯、ヤン・クビシュは、用意した手榴弾を革のかばんから取り出し、メルセデスの助手席にいるハイドリヒ目がけて投げつけた。

だが、投擲された手榴弾は、ハイドリヒのいる助手席まで届かず、黒塗りのメルセデスの車体の脇で轟音を立てて爆発した。

その衝撃で、車体右後部に穴が空いたメルセデスは一瞬宙に浮き、着地すると停止し、タイヤがパンクした。ハイドリヒは、この時点では軽傷を負っただけで、手榴弾を投げたクビシュの方が、至近距離からの破片を浴びて負傷し、顔から血を流していた。

二人の実行犯による襲撃は不首尾に終わり、ハイドリヒの暗殺という試みは、完全な失敗に終わったかに思われた。

ハイドリヒは、すぐに車を降りてクビシュに二発、拳銃で発砲したが、傷の痛みを感じて歩道に座り込んだ。動転したクビシュは、手榴弾を入れていたかばんを捨てて、付近に停めてあった自転車に飛び乗ると、プラハ中心部の方角へと走り去った。

一方、ガプチイクは役立たずのステン短機関銃を放り投げ、追いかけてきたクラインに拳銃で応戦した。逃走しながら銃撃戦を繰り広げたあと、ガプチイクはクラインを待ち伏せして撃ち倒すことに成功し、路面電車に乗って姿をくらませた。実行犯二人を現場でサポートしていた第三の男バルチイクも、群集にまぎれてその場を立ち去った。

ハイドリヒは当初、自分の怪我がさほど深刻だとは思わず、チェコの警官に手配させて車で病院へと向かった。彼の身体に生じた傷口は、さほど大きくはなかったものの、車体の金属片や繊維、シートに使われた馬の毛などが混入していた。

プラハのブーロフカ市民病院に入院したあと、ハイドリヒの容体は次第に悪化し、体内に入った異物がもとで敗血症（細菌感染に起因する臓器障害）を発症、襲撃事件から八日後の六月四日午前四時三〇分に、彼の心臓は停止した。

ロンドンのチェコスロヴァキア亡命政府が母国へと送り込んだ「刺客」によるハイドリヒ暗殺は、当初の計画とは異なる形ではあったが、結果として成功したのである。

◉――ハイドリヒ襲撃に対するドイツ当局の反応

プラハで発生したハイドリヒ襲撃事件に対するドイツ当局の反応は、激烈だった。

ハイドリヒの部下で、ベーメン・メーレン保護領の行政面を司る総督付次官のカール・ヘルマン・フランクは、事件発生の直後から両保護領の全土に改めて戒厳令を敷き、襲撃現場一帯に住む人々は全員、ゲシュタポの厳しい尋問を受けた。その夜だけでSS隊員二万一〇〇〇人が動員され、プラハ市内にある約三万六〇〇〇軒の家屋を捜索したが、ハイドリヒ襲撃犯に繋がる証拠はおろか、その手がかりすら見つけられなかった。

一二時一五分にフランクからの電話で、ハイドリヒがプラハで襲撃されたことを知ったヒトラーは、即座に「一万人のチェコ人を殺害せよ」と命令した。フランクは、軍需産業の生産力低下が懸念されるとの理由でこれに異を唱えたが、犯人に繋がる情報提供に高額の懸賞金を出すのと共に、容疑者の逮捕と拷問、処刑を徹底的に進めていった。

事件発生翌日の五月二十八日、ゲシュタポ長官ハインリヒ・ミュラーを筆頭に、ドイツの治安部門の最高責任者が続々とプラハに入った。ハイドリヒの後任の保護領副総督の地位は、クルト・ダリューゲSS上級大将が継承し、その日だけで五〇〇人以上が事件に関与した容疑で逮捕された。事件発生から三か月の間にこの件に関連してプラハで逮捕されたチェコ人の数は三一八八人に達し、そのうちの一三二七人が処刑され、別の六五七人は、尋問中にゲシュタポの拷問によって命を落とした。

ベーメン・メーレン保護領全体では、ドイツの治安当局者と軍人約四五万人が捜査に動員され、四七五万人のチェコ人に取り調べを行い、一万三一一九人が逮捕された。だが、これほどの大規模捜査にかかわらず、真犯人であるガプチイクとクビシュの足取りは摑めておらず、無関係のチェコ市民が大勢巻き添えになって苦しむ展開となっていた。

ベーメン・メーレン保護領の親ドイツ政権は、ナチへの忠誠を示すために「ハイドリヒ襲撃事件に抗議するイベント」をプラハで催した。ティーン教会やヤン・フス像のある旧市街広場で、事件に対するチェコ人の「抗議集会」が開かれ、この「犯罪的行為」はロンドンのチェコスロヴァキア亡命政府によるものだという説明がなされた。

死亡したハイドリヒの遺体は、まずプラハで六月六日の深夜にSS隊員たちの手で病院からプラハ城に運ばれ、棺の通る道の周辺からは市民が一掃されて、数千人のSS隊員が手に松明を持って見送った。翌六月七日の朝、プラハで再びSS隊員の葬列が形成され、ハイドリヒの棺は、プラハ城からカレル橋を渡ってプラハ本駅まで移送されたのち、特別列車でベルリンへと向かった。

ベルリンでは、六月九日にヒトラーをはじめナチス・ドイツの高官全員が参列して、壮大な国葬が催された。そしてこの時、フランクによって、プラハ近郊のリディツェ村を破壊するという決定が下された。

リディツェという小さな村が、すさまじい殺戮と破壊の標的となった理由は、ハイドリヒ暗殺事件の捜査中に発見されたいくつかの手紙にその地名が出ていたというだけで、具体的にリディツェ村がハイドリヒ暗殺の実行犯と繋がる証拠は何もなかった。

だが、フランクとゲシュタポから見れば、リディツェ村に対する無慈悲な「裁き」は、チェコの民衆を恐怖で震え上がらせ、反抗の意志を打ち砕く効果が期待できた。

⊙——地上から消されたリディツェ村と、殺害された村人たち

一九四二年六月九日の夜、フランクはゲシュタポのプラハ地方本部長ホルスト・ベームSS大佐に電話をかけ、リディツェ村に以下の四つの行動を行うよう命令した。

まず、住民の中で成人男性全員を射殺すること。次に、成人女性全員を強制収容所に移送す

ること。第三に、子どもの中で「ドイツ人の養子にできる者」はドイツに送り、残りは強制収容所に送ること。第四に、建物を全て破壊し、焼き払ったあと、残骸を取り除いて更地にし、リディツェという村が存在した痕跡を地上から消し去ること。

この命令に従い、ゲシュタポとSSの保安警察部隊は同日夜から、リディツェ村の殲滅という任務に着手した。まず、村長を拘束して村の資産を接収したあと、家畜や農機具、貯蔵食糧などの村民の所有物も押収した。続いて、村の戸籍簿を参照しながら、一六歳以上の男性を特定して倉庫と納屋に集め、周辺一帯の家から運び出したベッドのマットレスを、納屋の壁の外側に並べて立てかけた。

SSの保安警察部隊は、一〇人から成る射撃班を三組編成し、ベームの命令を待った。間もなく、最初は五人ずつ、途中からは一〇人単位で、成人男性の市民がマットレスのある壁の前に立たされる。ベームは射撃班に目で合図を送った。次の瞬間、SS隊員の持つ銃が火を吹き、住民の男性は銃弾を身体に受けて地面に倒れ込んだ。SSの下士官が前方に進み、横たわる市民の頭に拳銃の弾を撃ち込んで、とどめを刺した。

壁に立てたマットレスは、銃弾が跳ね返らないようにするための「吸収材」だった。散乱する死体を片づけないまま、次の市民一〇人がマットレスの前に引き立てられる。SSの射撃隊は、淡々と任務を遂行し、一〇人ずつリディツェ村の男性を殺していった。五〇人の殺害が終わると、射撃班に休憩が与えられ、各人は配給の酒（シュナップス）を飲んで気分を落ち着かせようとした。しかし三人の隊員が、精神的に参って射撃の続行を拒絶したため、あらかじめ待機していた予備の人員と交替させられた。

こうして、六月十日の午前中に、リディツェ村の成人男性は一人残らず、SSの射撃隊によって殺害された。多くの射撃隊員は、大量虐殺の精神的ストレスから逃れるために酒をがぶ飲みして泥酔状態にあった。男性が次々と射殺されている間に、村の女性と子どもはドイツ側が用意したトラックの荷台に載せられ、リディツェから五キロほど西にあるクラドノという村へと連れて行かれたあと、ドイツ国内の強制収容所に送られた。

殺害された男性住民の死体処理という「汚れ仕事」は、プラハの北約五〇キロのテレージエンシュタット（チェコ時代の地名はテレジーン）の強制収容所にいたユダヤ人の囚人が、SS隊員の代わりにさせられた。SS隊員の監視下で、彼らは地面に穴を掘り、大量の死体をそこに投げ入れ、樽に入ったライムの果汁をかけたあと、土をかぶせて埋め戻した。

住民がいなくなった無人の建物にはガソリンがかけられ、火が放たれた。そして、SSや陸軍の工兵部隊に加え、ドイツ労働奉仕隊の作業員も動員して、廃墟の破壊作業が進められた。村の中心部に建つサン・マルティン教会をはじめ、建物全ての完全な破壊には、多くの人員と費用と時間が費やされた。大量のガレキが運び出され、小川の流れが変えられ、木々も植え替えられ、道路も完全に新しく建設し直された。

こうして、村ごと地上から消されたリディツェでは、男性一九二人、女性六〇人、子ども八八人の計三四〇人が、ゲシュタポを含むＳＳ隊員によって殺害された。戦後に強制収容所から故郷へと帰還できたのは、女性一五三人と子ども一七人だけだった。

ハイドリヒ暗殺計画が立案された背景

◉——ハイリスクな要人暗殺を実行させた二つの理由

ナチス・ドイツによるチェコ（ベーメン・メーレン保護領）の支配という全体的な状況には手を着けず、プラハでハイドリヒというナチスの高官を暗殺すれば、現地の市民に対するすさまじい報復がなされるであろうことは容易に予想できたはずだった。

しかし、ロンドンのチェコスロヴァキア亡命政府の首班エドヴァルド・ベネシュ大統領は、ハイドリヒ暗殺という冒険的な計画（秘匿名は「類人猿〈エンスラポイド〉作戦」）を承認し、その実行者をイギリスの爆撃機で母国へと送り込んだ。

それではなぜ、ベネシュは前記したようなリスクを承知で、ハイドリヒ暗殺という無謀とも言える秘密工作にゴーサインを出したのか。

そこには、大きく分けて二つの理由が存在していた。一つは、第二次世界大戦という巨大な動乱の中で、チェコスロヴァキアという中欧の中小国が直面していた政治的苦境。もう一つは、実行者に支援を与えたイギリスの秘密工作機関ＳＯＥ（特殊作戦執行部）の、ライバル組織であるＳＩＳ（秘密情報部、別名ＭＩ６＝軍事情報第６部）への対抗意識と組織防衛の論理だった。

つまり、ハイドリヒ暗殺という任務は、チェコ（あるいはチェコスロヴァキア）の市民に降りかかる災厄を事実上度外視する形で実行された、第二次世界大戦全体の戦況とは直接関わりのない、当座の政略的要求を満たすために行われた方策だったのである。

諜報分野の情報公開に消極的なイギリスでは、ＳＯＥの活動内容についても多くが秘密のベールに包まれているが、ロンドンでハイドリヒ暗殺という計画が発案されたのは、ハイドリヒが一九四一年九月二十七日にベーメン・メーレン保護領の副総督としてプラハに着任して間もない頃だったと見られている。

一九四一年六月の独ソ開戦でドイツ軍の主力が東部戦線に投入されたことにより、英国本土に対する軍事圧力が軽減され、当時のイギリスは一息つくことができた。だが、一九四〇年六月に開戦時の盟友フランスがドイツに降伏したこともあり、戦況は依然として、ドイツとイタリアの枢軸陣営の優勢で進展していた。

同年四月から五月に、イギリス軍はドイツ軍の猛攻を受けてギリシャ本土とクレタ島から駆逐され、中近東のイラクでもドイツに呼応した親独派のクーデター（四月一日）が発生して、イギリス軍は武力鎮圧のために兵力の派遣を強いられていた。その西隣では、ドイツ寄りの中立国となったフランスの植民地レバノンとシリアで、ドイツ軍に基地を提供する動きが生じたため、イギリス軍は六月から七月にかけて、レバノンとシリアへの攻撃作戦を実行した。リビアからエジプトに至る北アフリカの戦場でも、イギリス軍は独伊両軍との一進一退の攻防を繰り広げながら苦戦を続けていた。

こうした状況の中、イギリス政府はドイツの戦争遂行能力に打撃を与えるため、すでにドイツに征服されてしまったヨーロッパの国々で、反独レジスタンス闘争を展開することを画策した。特に注目されたのは、ベーメン・メーレン保護領としてドイツに併合されて以降、重要な軍需工場の生産力をドイツに提供していたチェコだったが、軍事力で脅迫された結果としての事実上のドイツ併合という屈辱的な状況にもかかわらず、チェコ領内での反独抵抗運動は、まったく盛り上がりに欠けていた。

◉――チェコに対するイギリス政府の失望とベネシュの苦悩

ベネシュの主席情報顧問フランチシェク・モラヴェッツ大佐が戦後に述懐したところによれば、ベネシュは当時、チェコ国民の大多数が連合軍のために行動せず、ドイツ統治者に従順に従う態度をとっていることに負い目と屈辱を感じていたという。

一九四五年には第二次世界大戦の戦勝国となるイギリスもソ連も、アメリカ参戦以前の一九四一年秋の時点では完全な劣勢に立たされており、ヨーロッパでの戦争がドイツの勝利で終わる可能性が高いと考える軍事専門家は、決して少数派ではなかった。

ベネシュとチェコスロヴァキア亡命政府の幹部たちが特に恐れたのは、ドイツ軍が東部戦線でソ連に勝利し、ただ一国での長期継戦の望みを失ったイギリス政府が、ヒトラーの望む英独講和に応じるという展開だった。そうなれば、チェコがドイツの保護領という地位から脱する希望は断ち切られてしまうからである。

ヒトラーのドイツが行った「チェコスロヴァキアの解体」の発端は、一九三八年九月三十日に、ドイツ・イギリス・フランス・イタリアの四国の国家元首がドイツ南部のミュンヘンで調印した「ミュンヘン協定」だった。この、チェコスロヴァキア国民を蚊帳の外に置いた合意により、「チェコスロヴァキア国内でドイツ系住民が五〇パーセント以上を占める地域をドイツに併合する」というヒトラーの要望が英仏両国政府に認められ、翌年三月十五日のチェコとスロヴァキアの分離、そしてチェコのドイツ保護領化へと段階的に進んでいった。

それゆえ、ベネシュとチェコスロヴァキア亡命政府は、今やドイツの敵国となったイギリスが、先のミュンヘン協定の無効化を宣言して、一九三八年九月二十九日時点での国境線を回復することを悲願としていた。しかし、チェコ国民が本気でドイツに対する抵抗運動を行わず、むしろイギリスの敵国であるドイツに兵器生産の面で貢献している状況下では、イギリスがそのような行動に出ると期待することは難しかった。

一体どうすれば、チェコスロヴァキア亡命政府に対するイギリス政府の信用を勝ち取ることができるか。ベネシュと側近たちは、イギリス軍と協同で秘密作戦を行って、チェコ領内でドイツ当局の高官を暗殺したり、何らかの方法でチェコ国民をドイツ当局から離反させ、互いに対立させることができれば、事態は好転するはずだと考えた。

そんな時、イギリスのSOEから亡命政府に提案されたのが、ハイドリヒの暗殺という野心的な計画だった。親衛隊長官ヒムラーの側近中の側近でもあるハイドリヒを殺害することに成功すれば、イギリス政府はチェコスロヴァキアを「連合国の一員」と見なして、ミュンヘン協定の無効化を宣言してくれるかもしれない。

ベネシュとその側近たちは、その可能性に賭けるという危険な道を選んだのである。

◎——無視された現地レジスタンスの警告

チェコスロヴァキア亡命政府とイギリス政府は共に、チェコにおけるハイドリヒの統治政策が一定の成果を挙げていることに、焦りと危機感を覚えていた。

ベーメン・メーレン保護領の正式な総督は、一九三九年四月七日にヒトラーが任命した外交官のコンスタンチン・フォン・ノイラートだったが、彼は強権的な統治方法をとらなかったこともあり、旧チェコ国内では軍需工場での労働者のストライキが頻発していた。一九四一年六月の独ソ開戦以後は、ストとサボタージュがさらに激化し、シュコダ工場などの軍需工場を含む工業生産は平均で約一八パーセントも低下した。

そのため、兵器生産への悪影響を危惧したヒトラーは、ノイラートをその地位に留めたまま「病気療養」の名目で休職させ、ハイドリヒを「副総督」の肩書きでプラハに送り込んで、事実上の総督として振る舞わせた。

自分がヒトラーから何を期待されているのかを承知していたハイドリヒは、チェコ国民を「飴と鞭」で分断して、結束した抵抗勢力を形成できないようにする狡猾な手法をとった。ドイツに反抗的と見なしたチェコ人は厳しく処罰する一方、軍需産業などの工場労働者の福利厚生を改善し、配給や年金支給の条件も改善したのである。

ハイドリヒが、穀物や家畜などの食糧不足を招く元凶となっている闇市を厳しく取り締まり、多数の闇商人を処刑したことも、チェコ国民の多くは好意的に受け止めた。

また、チェコ国内でのレジスタンス活動が、主に元チェコスロヴァキア軍人と民族主義の思想を持つ知識人に指導されている事実を把握し、これらを労働者階級の市民から切り離すため、レジスタンス活動の指導者と協力者のチェコ人を数百人単位で処刑した。その結果、チェコ国内では「ドイツ当局に刃向かっても勝ち目はない」というあきらめの空気が広がり始め、裏切り者の密告によってレジスタンス活動の規模が縮小するなど、宗主国であるドイツにとって好ましい統治の実績が築かれていった。

この状況下で、もしチェコスロヴァキアの工作員がハイドリヒ暗殺のような行動を実行すればどうなるか。既にゲシュタポの取り締まりで大きな打撃を受けていたチェコのレジスタンス組織の指導者は、ハイドリヒ暗殺という計画内容を知ると、即座にロンドンへと連絡し、計画を思い留まるよう強く要請した。仮に成功しても、ドイツ側の激烈な報復で多くのチェコ市民が命を落とすことは確実だったからである。

ベネシュと彼の側近たちも、当然そのような問題は認識していた。だが、ハイドリヒ暗殺の実行を本当に望んでいたのは、チェコスロヴァキア亡命政府よりも、むしろイギリスの秘密工作機関SOEだった。

一九四〇年七月二十二日に創設されたSOEは、ドイツに占領された国々でナチ支配に対する大衆の反乱を引き起こし、ドイツの戦時体制を内側から揺るがすよう命じられた組織だった(のちに東南アジアでも抗日勢力を支援)が、創設から一年が経過しても、ごく限られた成果しか挙げていなかった。

イギリス政府内には既に、国の情報機関としての歴史を持つ秘密情報部SISが存在しており、彼らは敵地域における破壊作戦も自組織の統制下で行うべきものだと理解していた。SOEの幹部たちは、このまま目立った「戦果」のないまま時間が経過すれば、組織がSISに吸収されると心配し、事態の打開策として「ハイドリヒ暗殺」という計画を発案した。ナチス要人の暗殺に成功すれば、SOEは組織解体の危機を免れるだろう。

さらに、チェコの軍需工場での労働者のストやサボタージュを「飴と鞭」で制圧したハイドリヒが姿を消せば、いったん「鎮火」したストやサボタージュが再びチェコ各地で燃え上がり、ドイツの兵器生産に一定の打撃を与えられる可能性も存在した。

一九四一年十月三日、ロンドンでSOE長官フランク・ネルソンとモラヴェッツが秘密会議を開き、モラヴェッツの部下二人がハイドリヒ暗殺を実行すること、そしてSOEは彼らに武器と訓練を提供すること、という内容で合意を取り交わした。

こうして、SOEの上級幹部とベネシュの顧問モラヴェッツの間で、ハイドリヒ暗殺に向けた秘密作戦「エンスラポイド」の具体的な計画が立案されたのである。

ハイドリヒ暗殺は計画立案者に何をもたらしたか

◉――教会で殺害されたハイドリヒ暗殺の実行犯たち

ハイドリヒ暗殺を実行したヨゼフ・ガプチイクとヤン・クビシュが、チェコ領内にパラシュートで降下したのは、一九四一年十二月二十九日の午前二時三〇分頃だった。

彼らを乗せたイギリス空軍のハリファックス爆撃機は、最初プラハ西方の工業都市ピルゼン(プルゼニ)を目指していたが、航法上のミスでプラハの方角に向かい、暗殺実行現場から約二〇キロ東方の、ネフヴィズディという村に降下した。

ガプチイクはスロヴァキア出身の二九歳で、クビシュはチェコのモラヴィア（メーレン）生まれの二八歳だった。二人ともチェコスロヴァキア軍の下士官だったが、第二次世界大戦の勃発後、ポーランドとフランスを経由してイギリス本土に渡り、イギリス軍の支援を受ける亡命チェコ旅団に加わった。そして、SOE創設とほぼ同じ時期、つまり一九四〇年七月にチェコスロヴァキア亡命政府がイギリス政府によって承認されると、彼らを含む元チェコスロヴァキア軍人は、亡命政府の命令に従う態度をとった。

予定外の場所に降下した二人は、チェコのレジスタンス組織に助けられ、いくつかの民家に潜伏しながら、ハイドリヒの日々の行動パターンを観察し、暗殺決行の場所を絞り込んでいった。そして、一九四二年五月十九日と二十日、ガプチイクとクビシュは、計画通りハイドリヒ暗殺を実行するようロンドンからの連絡を受け、五月二十七日に決行した。

現場から無事脱出したガプチイクとクビシュは、レジスタンス組織の手助けで、プラハ市内にある聖ツィリル・メトディイ正教大聖堂の地下礼拝堂に潜伏していた。だが、暗殺決行後にドイツ当局が実行した報復の大量逮捕と大量処刑の規模は、実行した彼らや、支援したレジスタンス組織の危惧を上回るものだった。

無関係の市民が無実の罪を着せられて大量に殺され続ける異常な事態への動揺と、ドイツ当局が情報提供者に提示する高額の懸賞金の誘惑で、カレル・チュルダというレジスタンス組織の一員が裏切り、六月十六日にゲシュタポに出頭して、ハイドリヒ暗殺に関連する一部始終を供述してしまった。

その結果、六月十八日の早朝から、ガプチイクとクビシュを含む七人のレジスタンスメンバーが潜伏する聖ツィリル・メトディイ正教大聖堂を約三六〇人のSS隊員が包囲し、総攻撃を開始した。重機関銃や消防車による水攻めなども用いた壮絶な近接戦闘の末、籠城するレジスタンスのメンバーは全員死亡した。

この日の夜、プラハの放送局は、ハイドリヒ暗殺の捜査が成功のうちに終了したと国民に伝えた。だが、それから六日後、プラハとブルノのほぼ中間にあるレジャーキという小さな村でも、リディツェと同様のSSによる住民大量殺害と建物の破壊が行われた。三四人の村民が殺害されたが、その容疑は「レジスタンスの通信員を助けたこと」だった。

⊙――フランスのオラドゥールでも起きた同種の事件

戦闘地域に住む住民を「対敵協力者」と決めつけて殺害する事例は、本書の第二章で解説した上海・南京戦や、第四章で述べたシンガポール戦およびフィリピン戦を含め、第二次世界大戦中のヨーロッパとアジアの多くの場所で、数え切れないほど発生していた。

その中でも、リディツェ村での事件と同様の国際的知名度を持つのは、一九四四年六月にフランス中西部のオラドゥール＝シュル＝グラヌ（以下オラドゥールと略）という村でドイツ武装親衛隊（SS組織の戦闘部隊）の第2SS装甲師団「ダス・ライヒ」が引き起こした事件である。

一九四四年六月六日に連合軍のノルマンディー上陸作戦が始まった時、第2SS装甲師団はフランス南部に展開しており、そこから六〇〇キロ北方に向けて移動するよう命令を受けた。だが、連合軍の爆撃と現地のレジスタンスによる破壊活動で、鉄道線が各地で破壊されていた上、移動中の部隊に対するレジスタンスの襲撃も頻発していた。ノルマンディー地方への行軍が思うように進展しない苛立ちと、心身の疲労の蓄積、そして仲間を殺すレジスタンスに対する恐怖と憎しみで、同師団の将校や兵士の心理はささくれ立っていた。

そして、ノルマンディー上陸から四日後の六月十日、第2SS装甲師団第4SS装甲擲弾兵連隊に所属する第1大隊が、移動経路の近隣にあったオラドゥール村を「レジスタンスに加担している」と決めつけ、そこに住む市民六四二人を殺害したのである。

この大量殺害を実行した大隊長アドルフ・ディークマンSS少佐は、親ドイツ的な現地フランス人の民警組織「ミリス」の団員から、この村の住民が一人のSS将校（同師団の第2SS装甲偵察大隊長ヘルムート・ケンプフェSS少佐）を監禁しているとの連絡を受けていた。ディークマンは、親しい友人であるケンプフェの安否を気遣うのと共に、村人に紛れてドイツ軍への襲撃を激化させるレジスタンスに対する報復と見せしめが必要だと考え、六月十日の午後に大隊を率いてオラドゥール村を包囲した。

この大隊には、フランス東部のアルザス地方出身の兵士も含まれていた。第二次世界大戦が始まった時点では、アルザスとその隣のロレーヌの両地方はフランス領だったが、歴史的にドイツとフランスが争奪戦を繰り広げた場所で、ドイツ系住民も多く居住していた。開戦翌年の一九四〇年六月にフランスがドイツに降伏したあと、両地方はドイツに併合されてドイツ式の「エルザス＝ロートリンゲン」という地名に変わり、現地の若者は「ドイツ兵」として徴兵され、SSの戦闘部隊にも加わっていた。

オラドゥールを包囲したディークマンは、まず住民を村の広場に集め、リディツェの場合と同様に、男性のグループと女性および子どものグループに切り離した。男性は村内の倉庫と納屋に連行されたあと、まず機関銃で足を撃たれ、逃げられない状態にして尋問を行ったあと、建物に火をつけて焼き殺した。女性と子どもは、「教会に避難するように」との指示に従ったが、全員がそこに入ったあと、機関銃と手榴弾で殺害された。

死者六四二人の内訳は、成人男性が一九七人と、成人女性が二四〇人、子どもが二〇五人だった。辛うじて脱出に成功した市民も二十数人いたが、住民が姿を消したオラドゥール村の建物全てに火が放たれて、村は完全な廃墟となった。

生き延びた住民の何人かは、地獄のように凄惨な光景に言葉を失ったアルザス出身者のSS隊員によって、ひそかに逃がされたと、戦後に証言している。

戦争の終結後、すぐ西隣に新たなオラドゥール村が再建されたが、破壊された村の残骸は現在もなお、戦争中の蛮行を記憶に留めるため、無惨な姿のまま保存されている。

◉——ハイドリヒ暗殺で計画立案者は何を得たのか

事前に予測された通り、報復措置としての市民大量殺害を引き起こしたハイドリヒ暗殺事件は、それを企画・立案した者たちに、どんな「成果」をもたらしたのか。

リディツェ村の惨劇が世界に知れ渡ると、各国ではドイツへの激しい批判が湧き起こった。しかし、事実上ドイツの属領という地位にあるベーメン・メーレン保護領のハーハ大統領が、ドイツ総督府寄りの態度を示したため、連合国首脳はロンドンに亡命中の前大統領ベネシュをチェコスロヴァキアの正当な指導者と見なす姿勢を強めた。

リディツェ村の破壊から二か月後の一九四二年八月五日、イギリス政府は一九三八年の「ミュンヘン協定」とそれに基づく全ての政治的決定を否定すると公式に発表した。これにより、ベネシュは第二次世界大戦が連合国の勝利で終結したあと、ミュンヘン協定以前のチェコスロヴァキア国境線の回復を、国際社会で主張することが可能となった。

つまり、ベネシュとチェコスロヴァキア亡命政府は、ハイドリヒ暗殺事件とそれに続く出来事により、ある種の「政治的勝利」を獲得したと言える。

一方、組織存続の危機に立たされていたSOEも、一連の出来事によりイギリス政府機構内での存在価値を高めることに成功した。

だが、これらと引き換えに、チェコ領内での反独レジスタンスはゲシュタポとSS部隊の徹底的な捜査と処刑で壊滅し、要人暗殺のような特殊工作はおろか、秘密の通信すらほとんど行えない状態が終戦まで続いた。

また、ハイドリヒ暗殺によって引き起こされるゲシュタポやSSの苛烈な報復殺人が、チェコ国民をナチス統治当局から離反させるという、ベネシュやSOEが期待したような効果も生まれず、チェコ領内の軍需産業は連合軍の激しい爆撃に晒されながらも、ドイツの戦争経済に貢献し続けた。

首都プラハでは、一九四五年五月五日に市民を中心とする反ドイツの蜂起が発生し、五月十一日まで騒乱状態が続いたが、チェコスロヴァキア亡命政府もイギリスも、この動きに一切関与していなかった。長らくプラハを支配下に置いたドイツ軍の主力は、五月九日に市内から撤収し、二日後の五月十一日には、チェコで抵抗を続ける最後のドイツ軍部隊が降伏したが、彼らに代わってチェコを支配下に置いたのは、蜂起を主導した共産主義勢力だった。

現在、リディツェはプラハ国際空港の六キロ北西で町として再建されているが、その東隣の、かつてリディツェ村が存在した場所は、今は記念公園として整備され、記念碑や小さな博物館を通じて、そこで起きた出来事を来訪者に伝える場所となっている。

本書の表紙写真にある子どもたちの銅像も、リディツェの記念公園内にあるもので、作品のテーマは「戦争で犠牲となった子どもの記念碑」。チェコ人の彫刻家マリー・ウチイティロヴァが、計八二体の銅像制作を一九六九年に開始し、彼女が一九八九年に死去した後も夫らが制作作業を引き継ぎ、二〇〇〇年に完成した。

また、ハイドリヒ暗殺が実行されたカーブの周辺は、戦後の開発で道路の形状が変わっているが、ガプチイクとクビシュ、バルチイクの三人をかたどった記念碑が建てられ、その一本北側と一本西側の通りは、それぞれ戦後「ガプチイク通り」と「クビシュ通り」に改名されている。

そして、ガプチイクとクビシュ、および両人を支援したレジスタンスたちが潜伏して壮絶な最期を遂げた、プラハ市内の聖ツィリル・メトディイ正教大聖堂の地下礼拝堂は、現在は「国立ハイドリヒ事件の英雄記念館」として公開され、暗殺事件とその前後の歴史を説明する展示室が併設されている。

リディツェにおける市民虐殺の責任は、むろん実行者であるドイツのSSとゲシュタポに帰する。しかし、報復の大量殺害が発生することを事前に想定しながら、ハイドリヒ暗殺の実行を命じたチェコスロヴァキア亡命政府と、それを強力に後押ししたイギリス政府にも、この惨劇を招いた責任の一端が無いとは言えないのである。

ルポ

リディツェ

チェコ

◉リディツェの記念公園にある犠牲者の記念碑

日本からリディツェへ行くには、チェコのプラハ国際空港からタクシーかレンタカーで向かうのが一番効率的だ。なぜなら、空港のターミナルから旧リディツェ村跡地の駐車場までは、距離が一〇キロほどで、時間にして一〇分ほどで着くからである。

かつてリディツェ村があった場所は、現在は記念公園として整備されており、その西隣に新たなリディツェの街が再建されている。駐車場の隣には、事件を風化させないための記念碑と小さな博物館があり、その南側には広大な緑の起伏が広がるが、その緑地に、かつてリディツェという村があったことを想像するのは難しい。だが、ところどころに目印のようなものがあり、村の中心にあったサン・マルティン教会の場所も特定できる。

たくさんの花やぬいぐるみが手向けられた「戦争で

◉記念公園内の「戦争で犠牲となった子どもの記念碑」

犠牲となった子どもの記念碑」は、身長も年齢も異なる子どもたちの像の集合体だが、一人一人の生々しい表情からは、不安や恐怖、悲しみ、絶望、怒り、そして感情の麻痺などが読み取れる。悲哀に満ちた子どもたちの像は、すべての大人に向けて、なぜ自分はこんな目に遭わないといけなかったの、いつになったら戦争で子どもが犠牲にならない世界が来るの、と問いかけてくる。

　リディツェでの大量殺害を引き起こす原因となったラインハルト・ハイドリヒ暗殺の現場は、プラハの中心にあるバーツラフ広場から北東に五キロほど離れており、地下鉄C線のコビリシ駅から少し南に歩いた場所にある。ただし、戦後の都市開発で幹線道路の作り替えが行われた際、鋭い鋭角だったカーブの形状も変更され、現在は当時と異なる地形となっている。本文で触れた通り、現場付近には実行犯三人をモチーフにした記念碑と、そこで起きた事件を解説する案内板が立てられている。

　プラハ市内のヴルタヴァ川に面した、ビルが躍っているように見える斬新なデザインの「ダンシング・ハウス」から二〇〇メートルほど東にある「聖ツィリル・メトデイ正教大聖堂」地下の「国立ハイドリヒ事件の英雄記念館」には、第二次世界大戦の勃発直前にドイツの保護領となったチェコの政治的状況が、ハイドリヒ暗殺に関する詳しい経過と共に説明されている。リディツェ村の破壊に至る一連の出来事を俯瞰的に理解するには最適の場所で、ハイドリヒ暗殺の実行犯らが最期を遂げた一角は追悼の場所となっている。

リディツェでの市民大量殺害を手伝わされたユダヤ人が収容されていたテレジーン（テレージエンシュタット）は、プラハの北約五〇キロの場所にあるが、同地では当時の収容所がほぼそのままの状態で保存・公開されている。アウシュヴィッツと同じく「働けば自由になれる」のスローガンが敷地内の門に記された、狭く薄暗い監房内に足を踏み入れれば、苛酷な環境で暗澹たる日々を送らされた被収容者の心境に思いを寄せられる。

第六章

沖縄

日本――「国を守る」はずの自国の軍人に殺された市民の大量死

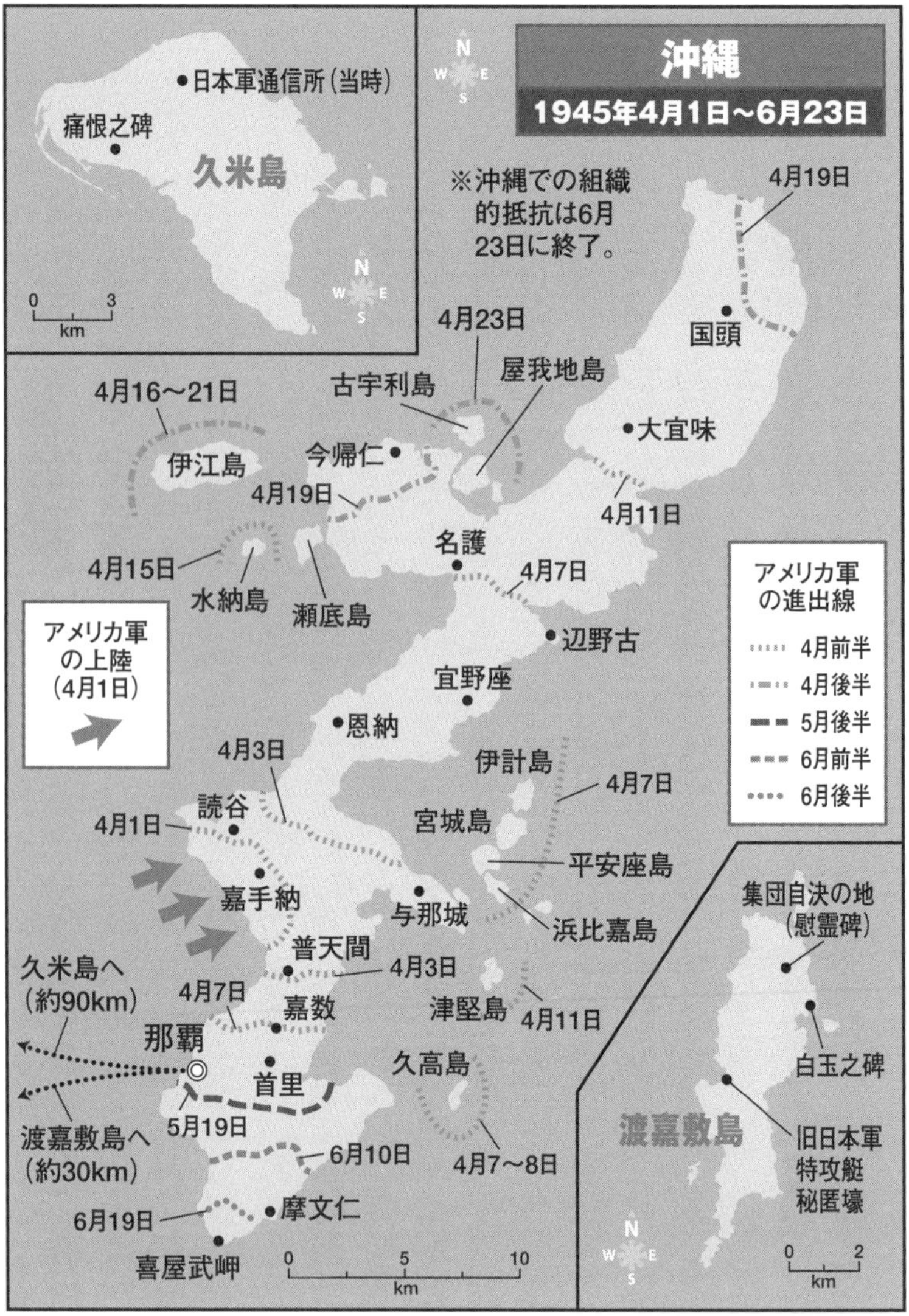
沖縄
1945年4月1日～6月23日
※沖縄での組織的抵抗は6月23日に終了。
日本軍通信所（当時）
痛恨之碑
久米島
0 3 km
4月19日
国頭
4月23日
古宇利島
屋我地島
4月16～21日
大宜味
伊江島
今帰仁
4月19日
4月11日
名護
4月15日
4月7日
水納島
瀬底島
アメリカ軍の進出線
4月前半
4月後半
5月後半
6月前半
6月後半
アメリカ軍の上陸（4月1日）
辺野古
宜野座
恩納
4月3日
伊計島
4月7日
読谷
4月1日
宮城島
平安座島
嘉手納
与那城
浜比嘉島
集団自決の地（慰霊碑）
普天間
4月3日
久米島へ（約90km）
4月7日
嘉数
津堅島
4月11日
那覇
白玉之碑
首里
久高島
5月19日
渡嘉敷島
旧日本軍特攻艇秘匿壕
渡嘉敷島へ（約30km）
6月10日
4月7～8日
6月19日
摩文仁
喜屋武岬
0 5 10 km
0 2 km

◉——味方の軍人に殺害された沖縄の市民たち

本書ではここまで、第二次世界大戦中に発生した軍（またはそれに準ずる組織）による市民の大量殺害の事例を紹介し、その構造や動機、背景を読み解いてきた。

それらは、戦争遂行とは異なる次元で自国の政府機関によって大量殺害されたドイツのユダヤ人やロマを別にすれば、戦争における交戦国、つまり「敵国の軍隊」によって引き起こされたものだった。しかし、本来なら軍によって守られるはずの市民が、「自国の軍隊」によって冷酷に殺害されるという、常識の範疇から逸脱する事例も存在した。

一九四五年に日本の沖縄で発生した、日本軍人による沖縄県民の殺害である。

沖縄の地元紙『琉球新報』二〇一六年十一月十五日付朝刊は、「日本兵、国頭（くにがみ、くんじゃん）で住民虐殺」という大見出しの記事を掲載した。今まで住民の間で語り継がれてきた戦争中の悲劇が、生存者の証言と記録に基づく「歴史的事実」として、新たに刊行された国頭村《くにがみそん》の村史に記載されたことを伝える内容だった。

一九四五年の沖縄戦において、日本軍人が沖縄の市民を「足手まとい」あるいは「敵軍（アメリカ軍）に協力するスパイ」と見なして、無慈悲に殺害した事例は、さまざまな証言記録にも残されている。生還の望みを失い、陸軍の訓示『戦陣訓』によって降伏も禁じられた本土出身の日本兵の中には、地元の住民から食糧を奪う過程で殺したり、自分の隠れる壕（洞窟）の場所が「赤ん坊の泣き声」で敵に知られることを恐れて、同じ壕に避難していた母親の抱く赤ちゃんを殺してしまう者もいた。

沖縄県民なら、かつてそのような出来事が県内のあちこちで発生したことを誰でも知っている。だが、沖縄以外の都道府県に住む日本人はどうか。

沖縄のもう一つの地元紙『沖縄タイムス』は、二〇一八年四月二十六日付朝刊で「沖縄観光客ついに1000万人目前　2017年度957万、5年連続で過去最高」という見出しの記事を掲載した。

九五七万人の観光客のうち、外国客は二六九万二〇〇〇人（約二八パーセント）で、三割が台湾、二割が中国、二割が韓国からの旅行者だった。台湾北部の基隆港から那覇港までは、直線距離で約六〇〇キロ、中国の厦門港からは九七五キロという近さ（那覇から東京までの直線距離は一五〇〇キロを超える）もあり、クルーズ船でこれらの場所から訪問する外国客も、前年度比四二パーセント増の九九万二五〇〇人に達している。

しかし、今から七四年前の一九四五年春から夏にかけて、この島で起きた凄惨な出来事をよく知っているという旅行者は、日本人・外国人を問わず、決して多いとはいえない。日本軍対アメリカ軍の地上戦としての沖縄戦の凄惨さは、沖縄の女学生で編成された従軍看護隊の活動を描いた「ひめゆりの塔」などを通じてよく知られている一方、日本軍人による沖縄の市民殺害は、映画やテレビドラマでも描かれることがない。

本章では、一九四五年の沖縄で起きた「自国軍人による市民殺害」の事例を取り上げ、既に触れた日本軍の事例（上海、南京、シンガポール、マニラ）とも繫がる構造的な問題にも目を向ける。日本軍人がなぜ、沖縄県民という「同国人」の市民を殺害したのかという動機を探る上で、それらの「前例」は重要な意味を持つからである。

【市民殺害の情景】さまざまな形で行われた日本軍人の県民殺害

◉――国頭村で発生した「日本軍人による住民殺害」の事例

先に紹介した『琉球新報』の記事は、沖縄県北部の国頭村で発生した出来事について、「日本兵による同村内での住民虐殺は地元住民には知られていたが、表だって口外してこなかったため、具体的な場所や状況が記録されるのは初めて」と指摘している。

国頭村が、村制一〇〇周年記念として二〇一六年十月に刊行した村史『くんじゃん』によれば、事件が確認されたのは同村内の伊地、桃原、半地の三か所で、日本軍の組織的な抵抗が終了した一九四五年六月二十三日よりも後で発生した。

伊地の場合、米軍が開設した民間人収容所に入所したあと、解放されて自宅に戻る途中の男女十数人が、日本軍の敗残兵の一団に襲撃され、男性市民四人が斬殺された。敗残兵の指揮官は「収容所に入った者は（敵の）スパイだ」という言葉を口にしたという。

半地では、南部の読谷村から避難していた複数の家族が、同様に日本軍の敗残兵に襲われ、四人ないし五人の市民が「スパイ容疑」をかけられて手足を縛られた上、軍刀でめった斬りにされて死亡した。桃原でも、那覇市からの疎開家族の住居に日本軍の敗残兵が手榴弾を投げ込み、妻が死亡、夫と子どもが負傷した。

これらの事件の背景について、同記事は沖縄国際大の吉浜忍教授による次のような談話を掲載した（「戦後」は南部の地上戦が収束した後、「本島」は沖縄本島を指す）。

「戦後の本島北部では、山の中に日本軍の敗残兵がたくさんいて、その一方、早くに（米軍が開設した）収容所が造られ、下山した避難民や地元住民が生活を始めた。食糧に乏しい中で敗残兵が住民の食糧を強奪したり、住民にスパイ容疑をかけたりした」

吉浜忍教授は、この談話の冒頭で「日本兵による住民虐殺は、これまで（大宜味村の）渡野喜屋事件が知られていたが、国頭では初めてだ」とも指摘していた。

大宜味《おおぎみ》村《そん》は、国頭村の南隣の地域で、一九四五年五月十二日に同村内の渡野喜屋《とのきや》（現在の地名は白浜）において、三五人の市民が国頭支隊通信隊に所属する一〇人の日本軍人に殺害され、一五人が負傷する事件が発生した。

二〇一五年六月二十二日付の『東京新聞』朝刊は、「4歳『スパイ』の汚名　沖縄戦　渡野喜屋の悲劇」と題した記事を掲載し、当時四歳だった仲本政子という女性が、のちに兄から聞いたという証言をもとに、渡野喜屋事件のあらましを次のように記した。

「一九四五年五月、米軍に捕らえられた仲本さん一家は、県北部の渡野喜屋（大宜味村）の集落に収容された。村議だった父が、米兵にもらった食料をほかの人に配るのを、山に隠れた日本兵がじっと見ていた。『おまえたちは、こんないい物を食っているのか』。兵隊たちは夜中、一家が休む民家に踏み込んだ。仲本さんは母と兄、妹の四人で、砂浜に連行された。数十人いた周りも年配者や女性、子どもばかりだった。

『アメリカの捕虜になって、恥ずかしくないのか！』兵隊が怒鳴り、『一、二、三』の合図で手りゅう弾を何発か投げ込んだ。二歳の妹は死んだ。日本兵が引き揚げた後、米兵が倒れていた仲本さんを箱に入れ、テントに運んだ。父は別の場所で、首に短刀を突き刺されて殺された」

◉――久米島で繰り返し行われた日本軍人による市民の殺害

沖縄本島の西に位置する久米島では、一九四五年六月下旬に日本軍人による市民の殺害事件が四件発生し、島民二〇人が死亡した。殺害したのは、鹿山正という海軍兵曹長を指揮官とする、日本海軍通信隊の現地守備隊に所属する日本軍人だった。

まず六月二十七日（本島南部での組織的抵抗終了から四日後）、米軍から委託された降伏勧告状を届けに来た久米島郵便局員を、鹿山は「お前は敵のスパイだ」と断定して拳銃を一発撃ち、倒れて苦しむ相手を部下二人に銃剣で刺殺させた。

その二日後、鹿山の命令で民間人に変装した日本兵数人が、島の西部にある北原という村の民家で、中学生と妊婦を含む九人の市民を縛り上げ、銃剣で刺殺したあと、家に放火して立ち去った。殺された市民の二人は、米軍に一時拘束されていたため、鹿山は「守備隊の情報を敵に漏らした」と決めつけ、匿った家族も同罪と見なして処刑した。

一九四五年八月十五日、天皇がポツダム宣言（連合国への無条件降伏）を受諾したことを国民に伝える「玉音放送」がラジオで流されたが、久米島での日本軍人による市民の殺害は、この日の後も続いた。八月十八日、一歳二か月の赤ん坊を含む三人の市民が、鹿山の部下の兵士に銃剣で刺し殺され、北原の場合と同様、家に火が放たれて燃やされた。

八月二十日にも、一〇歳、七歳、五歳、二歳、生後数か月の赤ん坊とその両親の計七人が、鹿山の命令を受けた日本軍人によって、軍刀と銃剣で殺害された。まず、逃げようとした母親と赤ん坊、一〇歳の少年が軍刀で斬り殺され、七歳と二歳の少女を雑木林に連れ込んで首に銃剣を突き立てて殺し、父親と五歳の少年を別の場所で惨殺した。

これらの市民殺害の動機は、すべて「敵のスパイ」という主観的な断定だった。

沖縄戦から二七年後の一九七二年、週刊誌『サンデー毎日』三月二十日号は、久米島で起きた軍による市民虐殺についての鹿山のインタビューを掲載した。その記事で、鹿山は自らが行った行為について、市民の殺害を事実と認めた上で、こう弁明した。

「ワシの見解はね、当時スパイ行為に対して厳然たる措置をとらなければ、アメリカ軍にやられるより先きに、島民にやられてしまうということだったんだ。なにしろ、ワシの部下は三十何人、島民は一万人もおりましたからね、島民が向こうがわに行ってしまっては、ひとたまりもない。だから、島民の日本に対する忠誠心をゆるぎないものにするためにも、断固たる処置が必要だった。島民を掌握するために、ワシはやったのです」

しかし戦後の調査が明らかにしている通り、当時の沖縄では、地元の島民が背後から日本兵を襲うような「反乱」は、まったく発生していなかった。むしろ、鹿山の命令で殺害された市民の中には、米軍と交渉して久米島に対する艦砲射撃を中止させることで、結果として鹿山とその部下の命を救った元日本軍人もいた。

鹿山とその部下は、九月八日に米軍へ降伏するまで、ただでさえ不足している食糧の供出を久米島の市民に要求し続けたが、これらの市民殺害は、結果として、市民を恐怖で支配して服従させる「見せしめ」の効果も生み出していた。

⊙——渡嘉敷村での市民殺害と集団自決、または強制集団死

沖縄本島と久米島の中間にある渡嘉敷島でも、赤松嘉次大尉を指揮官とする海上挺進第３戦隊の日本軍人による市民の殺害が行われていた。

一九四五年五月、米軍の支配下に入った一〇代後半の女性五人と男性一人が、白旗を上げて赤松隊長の元に向かい、米軍に託された降伏勧告状を届けた。だが、一部始終を目撃した同島

の生存者の証言によれば、赤松はこの六人の若者を即座に捕らえ、各人に穴を掘らせたあと、全員を後ろ手に縛って座らせた。

一人の下士官が軍刀を抜いて「言い残すことはないか」と問うと、女性三人が「歌を歌わせて欲しい」と申し出た。下士官に許可され、彼女らは「天皇のために死ぬ」ことを誉れと理解する当時の国民歌『海ゆかば』を歌ったが、それが終わると下士官は六人全員を斬首し、死体は穴の中に投げ込まれた。

玉音放送翌日の八月十六日にも、赤松隊長に米軍の降伏勧告を届けた市民四人のうち二人が、彼の部下に斬り殺される出来事が発生した。

久米島の鹿山と同様、渡嘉敷島の赤松も、山中に籠もる日本軍人への食料供出を島民に強要しており、各人が持つ食料の五〇パーセントを軍に供出せよと命じた上、違反者は銃殺に処すと脅していた。島で飼育される家畜や畑の農産物も「軍の所有」とされ、勝手に収穫することは厳禁された。

渡嘉敷島の地名は、沖縄戦の最中に大規模な「集団自決」が起きた場所としても知られている。島に立つ戦没者慰霊碑「白玉之塔」に記された説明文によれば、二〇〇八年現在で確認された、渡嘉敷村での「集団自決」による市民と防衛隊（地元市民で編成された民兵）の死者数は、市民が二八八人、防衛隊員が四二人、の計三三〇人で、それ以外の死因も含めた同村在住一般市民の死者総数三八〇人の八七パーセントに相当した。

この三八〇人のうち、一二歳以下の子どもは一一〇人で、〇歳児が一〇人、一歳児が一三人、二歳児が七人、三歳児が一六人、四歳児が八人、五歳児が五人、六歳児は八人だった。また、最高齢者は九五歳だった。

沖縄では、集団自決という従来の呼称ではなく「強制集団死」という言葉が使われることも多い。その理由は、自分の意志で生死を選べる年齢に達していない子どもの死にまで「自決」という言葉を用いるのは理不尽だというものだが、たとえ大人であっても、集団自決が完全な「自由意志による行動」であったとは言い切れない。

沖縄県民を含む当時の日本国民は、天皇や「天皇中心の国体（国家体制）」を守るためなら喜んで犠牲になるという、一八九〇年制定の「教育勅語」の教えに基づく義務感を行動規範にしていた上、少しでも米軍兵士と接触すれば「スパイ」と断定されて日本軍人に殺される状況では、米軍への投降は「戦争の惨禍から逃れる道」にはなり得なかった。

つまり、他の選択肢を全て断ち切られ、八方ふさがりの状況に追い込まれた市民は、集団での自死という、最後の選択肢以外を選びようがなかったのである。

⊙――「泣き声」を理由に赤ん坊を殺害した日本軍人

渡嘉敷村での出来事を含め、沖縄戦の最中に発生した住民の集団自決について「日本軍の命令があったか否か」に論点を矮小化し、具体的な軍の命令がなかったのであれば「住民が勝手にやったこと」で「当時の日本軍には責任がない」とする言説も、日本の一部では語られている。だが、そのような言説は、当時の日本軍が直接・間接に積み上げた、集団自決以外の選択肢を一つずつ潰していく行為を視野に含めていない。

渡嘉敷島と同じ慶良間列島では、座間味島で一七七人、慶留間島で五三人が集団自決で死亡した。これらの場所に共通するのは、日本軍の部隊が小規模ながら駐留し、実質的に島民の支配者として君臨していたことだった。

いずれにせよ、集団自決あるいは強制集団死の現場は、人の想像力が及ぶ限り最悪の、この世の地獄だった。

狭い谷や壕の中、海岸などに、赤ん坊から老人まで家族全員が集まり、悲壮な死の覚悟を共有した上で、防衛隊（後述）から手渡された手榴弾を中心で爆発させる。手榴弾がなければ、父親が妻子を、母親がわが子を、そして老いた父や母を、自らの手で殺害する。剃刀で頸動脈や手首を切る。鎌や鉈、斧、棍棒を頭や身体に振り下ろす。使える道具が見つからなければ、手や紐、タオルで首を絞めて殺した。

愛する家族を一人ずつ自らの手で殺め、顔や手に温かい血を浴び、二度と動かなくなった家族の遺体を見下ろし、最後に残った者は自殺した。

日米両軍の凄まじい地上戦が繰り広げられていた沖縄本島の南部でも、日本軍人による市民の殺害は各地で行われた。南部の戦場で多発したのは、「自分たちの所在が赤ん坊や子どもの泣き声で米兵に知れる」という理由で、日本軍人が同じ壕に避難している家族の赤ん坊や子どもを殺害するケースだった。

沖縄県教育委員会が二〇一七年三月に刊行した『沖縄県史　各論編　第六巻　沖縄戦』は、最新の研究成果に基づいて沖縄戦の実相と全体像を描き出す大著だが、日本軍人による市民の殺害についても、実証的研究を踏まえて詳述している。

「壕内で泣く子どもが日本兵によって殺害される事件も多発した。日本兵が避難民の壕へ何度もやってきて『子供は戦争の邪魔者だ殺してやるぞ。子供を泣かすと誰でもいいから殺してやるぞ』と怒鳴っていた。そのような脅迫を受ける中『壕の中に入っていた大ぜいの婦人』が『子どもを抱いてすかしているが、お乳や食い物がないのでよく泣くもんだから』『注射して上げようね、おとなしくなる注射だ』と友軍が注射して多くの子どもを殺した。轟の壕に三歳の子と一緒に避難していた女性は、兵隊に『三歳以下の子供を連れている人は出なさい』『年が若ければ子供はいくらでも産むことができるから、三歳以下の子供は自分自身で始末しなさい。そうしないなら、こっちが斬り殺して捨てるから』と言われ、壕から出ている」（同書、499頁）

前記した通り、本島南部における日本軍の組織的抵抗は、一九四五年六月二十三日に終了したが、日本軍人はそんな状況にあってもなお、市民の殺害を止めなかった。

「敗残兵が逃げ込んできた糸満の真栄平では、六月二三日、日本兵によって八名の住民が虐殺された。日本兵が避難民を壕から追い出そうとし、入り口近くにいた老婆が方言で返事をしたら軍刀で首を切り落とされた。同じ壕に入っていた数家族が壕から逃げ出す時に、弟をおぶった女の子を殺害、隣の壕へ退避するとそこへ手榴弾が投げ込まれ数名が負傷、老父は首を軍刀で切られ、若い人は手榴弾で殺害された」（同書、503頁）

太平洋戦争末期の沖縄戦とそこに巻き込まれた市民

◉――沖縄戦における軍と市民の関係

日本の降伏から数か月前に行われた沖縄戦とは、どのような戦いだったのか。

戦争の嵐が、沖縄へと近づきつつあることを県民が最初に実感したのは、沖縄本島、宮古島、石垣島の三島に住む老人と幼児、婦女子の計一〇万人を内地と台湾へ避難させることを命じる電報が政府から沖縄県知事に届いた、一九四四年七月のことだった。

その後、同年十月十日早朝に大規模な米軍機の空襲が沖縄各地で実施され、那覇市の九割が焼け野原になると、身の危険を感じた人々は家族の引き揚げを積極的に望むようになり、予定していた一〇万人には届かなかったとはいえ、翌一九四五年三月上旬までに、内地へ六万人、台湾へ二万人の計八万人近い民間人を疎開させることに成功した。

一方、当時の沖縄の総人口約五〇万人の八割以上は、そのまま各島に留まったが、日本軍の現地司令部における沖縄県民の印象は、決して良いものではなかった。沖縄には、一九四一年十二月から敵国となったハワイや米本土、オーストラリアなど海外への移民の親族や移民帰りが多かったため、内地から来た日本軍人の中には、戦況悪化の折には彼らが敵に寝返るのでは、という疑心暗鬼の感情を抱く人間も少なくなかったのである。

こうした県民への不信感は、一九四四年八月八日に第32軍司令官に着任した牛島満中将が、配下の部隊に対して行った「防諜(スパイ対策)に厳に注意すべし」との訓示によってさらに増大し、近い将来に戦場となる沖縄の各地で生活する市民の存在を疎ましいものと見なす風潮が、日本軍の内部で静かに広まっていった。

実際、先の一〇万人引き揚げ計画も、現地住民の生命の安全を重視した人道的な決断ではなく、むしろ作戦遂行の邪魔になる弱者を早めに取り除くことを意図した、陸軍参謀本部の進言に基づく軍事上の措置だったのである。

沖縄本島の南部を主要な戦場と想定していた第32軍司令部は、これほど大勢の民間人が戦場付近にいては作戦の足手まといになると考え、六〇歳以上の高齢者と国民学校以下の児童など計一〇万人を、沖縄本島北部の国頭地区へと疎開させる新たな計画を立案した。

だが、軍は一部の例外を除き、疎開する人々への食糧の配給と輸送手段の提供を認めなかったため、北部へ疎開する老人や子供のほとんどは、徒歩で山道を進まなくてはならなかった。しかも、一九四五年の二月中旬にこの疎開事業がスタートしてから、わずか一か月ほどで米軍の沖縄侵攻作戦が開始されたため、実際に北部へ向けて出発できたのは五万人程度で、沖縄本島の南部には三五万人を超える民間人が取り残される結果となった。

第32軍司令部は、戦闘部隊の兵力不足と建設作業に従事する人手不足を補うために、この残された膨大な人的資源を、様々な名目で軍の組織へと編入していった。

◉――軍の組織に組み込まれた沖縄の市民

まず最初に召集の受け皿となったのは、防衛隊と呼ばれる民兵組織だった。

これは、一九四二年九月二十六日に制定(一九四四年十月までに三度改正)された「陸軍防衛召集規則」に基き、青紙の召集令状で集められた人員で、公式には一七歳から四五歳までの健康な男子が対象とされていたが、実際には一三歳の少年から七五歳の老人、病気療養中の者までもが非公式に召集されていた。正式な軍事訓練はおろか、軍服すら満足に支給されなかった防衛隊員の多くは、飛行場や防衛陣地のトンネルなどを建設する部隊に配属された。

この防衛隊に召集されなかった学生のうち、師範学校女子部や高等女学校の女子生徒は「ひめゆり隊」をはじめとする従軍看護婦組織へ、師範学校男子部や中学校、各種実業学校の男子生徒は「鉄血勤皇隊」と呼ばれる軍の後方支援組織へと、それぞれ一九四五年三月下旬頃から

「学徒自身による志願」という形式をとって編入された。

また、防衛隊にも学徒隊にも含まれない一般の婦人たちも、軍の炊事班や救護班、物資の輸送部隊、建設部隊などに動員されて、後方支援の作業に忙殺された。

アメリカ軍の上陸を目前に控えて、沖縄県の市民は第32軍と共に祖国防衛の任を果たすべく、文字通り「軍官民共生共死」の総力戦態勢に組み込まれていったのである。

一九四五年三月二十三日の早朝、米軍機による猛烈な空襲の開始と共に、沖縄における激戦の幕が切って落とされた。翌二十四日、沖合に停泊する米海軍の軍艦が陸上拠点に対する艦砲射撃を開始し、三十一日までの一週間、砲弾の雨を沖縄の地に降らせ続けた。

三月二十六日、米軍による慶良間諸島への上陸が行われ、四月一日には沖縄本島への上陸作戦も開始された。これに対し、日本軍は住民を巻き込む形で持久戦を展開した。

四月三日、米軍の先頭部隊が東海岸へと到達して、沖縄本島に残る軍と民間人は、胡屋周辺で南北へと分断された。これ以降、沖縄における地上戦の主戦場は、この前線から南の一帯となったが、やんばると呼ばれる北部の山地では、米軍を背後から牽制するための「遊撃戦」が日本軍によって企図され、国頭支隊というゲリラ部隊が展開していた。

しかし、国頭支隊の日本軍人が力を注いだのは、米軍に対する攻撃よりも、沖縄の市民の監視と「スパイ」と見なす者の殺害だった。この支隊の傘下には、軍と価値観を共有する国頭郡の有力者や学校教員から成る「国士隊」と呼ばれる民衆監視部隊が置かれ、米軍と接触する者だけでなく、反戦思想を口にする者や、現状の境遇に不満を抱く者、外国生活の経験者やその家族などを「監視対象」として、動向を逐一報告していた。

米軍の沖縄上陸から九日目の四月九日、南部の首里城の地下に置かれていた日本軍の守備軍司令部は、軍会報に次のような指令を掲載した。

「今後は軍人軍属を問わず、標準語以外の使用を禁ず。沖縄語で談話する者は、間諜（スパイ）として処分する」

五月五日には、最初の「今後は（原文では『爾今』）」の文字を削除しただけで、この指令内容が第32軍参謀長である長勇少将の名で、沖縄の軍民に対して公布された。

前記した通り、沖縄の防衛施設構築には多くの市民が駆り出されており、地下壕の内部構造や、各部隊の装備兵器、補給状況などの軍事情報を知る市民も少なくなかった。

そんな市民が敵側の手に落ちれば、日本軍の防御態勢が敵に知られてしまうという懸念から、各地の日本軍人は軍の作業に協力した仲間であるはずの市民を信用せず、いつでも敵の協力者になりうる存在として過剰に警戒した。そして、少しでも怪しい動きを見せた者は、敵の内通者や裏切り者として容赦なく殺害するという行動をとったのである。

⊙――壕からの住民追い出しと住民からの食料強奪

本島南部の日本軍本隊は、五月二十二日に首里の防衛線を放棄して喜屋武半島へと退却したが、この時点で約五万人の兵員と軍属を擁していた。だが、彼らが向かう先には、既に二〇万人以上の民間人が各地の壕で避難生活を送っており、日本軍の将兵が続々と到着するにつれて、壕をめぐる紛糾が各地で頻発することとなった。

壕にたどりついた日本軍人は、防衛戦闘の継続を理由に、そこからの退去を避難民に要求し、隠れ場所を失った人々は途方に暮れながら、砲弾が飛び交う危険な戦場をあてどなくさまよい歩くことを余儀なくされた。『沖縄県史　各論編　第六巻　沖縄戦』は、日本軍人による壕からの住民追い出しについて、次のような証言を収録している。

「第三十二軍が南部へ追い詰められていくとともに、日本兵による壕追い出しや食料強奪が多発した。四月上旬頃、具志頭に駐屯していた日本兵の曹長が、女性を一人連れてやってきて『この壕は日本軍が使用するから直ちに壕から出て行け』と壕の明け渡しを命令、区長が拒否すると、曹長は『軍の命令に反する者は切り捨てる』といって抜刀した。糸満の字福地部落の自然壕に避難していた女性は、区長を通じて弾薬運びなどに動員され軍に協力していたが、兵士によって壕を追い出された。『ぐずぐずしている者は、棒で、だれかれかまわずなぐりつけました。年老いた老人をなぐったときには、なんてひどいことをするんだと情なく思いました』」(同書、495頁)

また、軍人と壕内での共存を許された場合でも、一部の兵士は避難民の幼い子どもの泣き声に神経質な反応を示し、その泣き声で米軍に所在を知られることを恐れて、先に触れた証言にあったように、幼児を自ら殺害したり、周囲の人間に殺させたりする事件が続発した。戦後の厚生省の統計によれば、避難所であった壕の軍への提供が原因で死亡した一四歳未満の子どもの数は、一万人以上に上ったという。

退却戦を繰り返しながら喜屋武半島へと到達した日本軍の将兵は、自分たちが既に大本営から見捨てられた存在であることを認識しており、絶望感と恐怖心の入り交じった極度の精神的ストレスの中で、市民に対する人間的な寛容さを失っていた。そして、壕内の様子や日本軍の内情を熟知した避難民が、知らぬ間に米軍へと投降して、情報を敵に提供することのないよう、猜疑心に満ちた目で彼らの動向を監視するようになっていった。

この頃には、もはや軍と市民の一体感は完全に失われ、方言で会話しただけの市民がスパイと決めつけられて殺害される例も少なからず存在した。また、南部のみならず本島の北部でも、食糧不足に悩む軍の敗残兵が避難民の集団をスパイと断定して殺害した上で、彼らが持つ米や農産物を奪い取る事件があちこちで発生していた。

「米須では『お前たちがこんなもの食べてはいけない。これは兵隊が食べるものだ、お前たちは早く出て行って艦砲に当たれ』と日本刀を振り上げて壕を追い出され、食糧まで奪われた。（略）摩文仁では、母親におんぶされた赤ん坊がもっていたカンメンボー《ママ》（食糧）を『兵隊さんのものをお前らが食うのか』といって取り上げられた」（同書、４９５頁）

六月二十三日未明、摩文仁の第32軍司令部が米軍の直接攻撃に晒されると、観念した牛島中将（死後に六月二十日付で大将に昇進）は長参謀長と共に摩文仁高地で割腹自殺を遂げ、後には四日前の六月十九日に彼が書き残した最後の軍命令のみが残された。

「これ以降、各部隊はそれぞれの戦場で生存する上級指揮官の下で、最後まで敢闘し、悠久の大義に生くべし」

この牛島中将の最終命令により、第32軍は米軍への組織的な降伏の機会を失い、壕に籠もる日本軍の残存兵は、死を迎えるまでの戦闘継続を義務づけられた。

最終命令の内容は、当時の日本軍人の精神文化、とりわけ死生観を色濃く反映したものだったが、結果的には生き残った軍人に「市民から食糧や壕を奪ってでも、スパイの疑いがある市民は殺してでも」米軍との戦闘を継続せよという、それらの行為を正当化する大義名分を付与する効果をもたらしていたのである。

上海、南京、シンガポール、マニラ、そして沖縄

◉――米軍に投降した市民を殺害した後、米軍に投降して生き延びた日本軍指揮官たち

久米島や渡嘉敷島で、米軍から託された降伏勧告を使者として届けた市民を、現地の日本軍

指揮官が「敵のスパイ」と断定して即座に殺害した事実は先に述べた。

しかし、これらの指揮官は結局、自決という道を選ばず、市民に対してとった自らの行為を忘れたかのように米軍に投降して、戦後も生き延びた。

渡嘉敷島で市民の殺害を命じた赤松嘉次大尉は、八月二十四日に部下と共に米軍に投降した。一九六八年四月八日付『琉球新報』に掲載されたインタビュー記事で、彼は沖縄戦における自分の行動について、次のように弁護した。

「私のとった措置は、万全のものではないだろうが、あの時点では正しかったと思う。なにしろ戦闘なのだから、現在の感覚と尺度では、はかりようがない。週刊誌に若気のいたりとか不徳のいたすところなどと私が言ったとあるが、あれはいわば社交辞令だ。（略）防衛庁の記録にも私の処置が正しかったことが書かれている」

久米島で市民の大量殺害を命令した鹿山正海軍兵曹長も、玉音放送から半月後の一九四五年九月一日に米軍将校を伴った日本軍将校と面会し、九月七日に部下と共に米軍に投降した。前記した『サンデー毎日』一九七二年三月二十日号のインタビュー記事で「いま、あなたはどう思っていますか？」と問われて、次のように返答した。

「少しも弁明はしません。私は日本軍人として、最高指揮官として、当時の処置に間違いがあったとは、ぜんぜん思っていないからです。それが現在になって、法的に、人道的に悪いといわれても、それは時代の流れとして仕方がない。いまは、戦争も罪悪視する平和時代だから、あれも犯罪と思われるかもしらんが、ワシは悪いことをしたと考えていないから、良心の呵責もない。ワシは日本軍人として誇りを持っていますよ」

また、一九七二年三月二十八日付『琉球新報』にも、鹿山の単独インタビュー記事が掲載されたが、彼は「スパイ容疑」による市民の殺害について、こう説明した。

「問い　スパイ容疑での処刑はどのような証拠に基づいて実行したか。

答え　その時の状況は各部落とか村とか警防団からの情報を総合して処刑した。また、日本の国土防衛の点から考えてやった。

問い　処刑には軍法会議などの手続きが必要ではないか。容疑者のいい分は聞かなかったのか。

答え　われわれの部隊は少人数で大部隊のように軍法会議を開いてそういう細ごまとした配慮をするヒマはなかった。

問い　スパイ容疑と家に放火したことについて、もう少し説明してほしい。

答え　それはスパイの巣くつというか、根拠地ということですね。その家でスパイ行為の謀議が行われたということで、その家を焼き払ってしまえということですね。

（略）

問い　殺害された人たちに謝罪する気持ちはないのか。

答え　日本の軍人として取った行動であって、それが謝罪して元にかえるものではない。（略）こういうことが起こったことにあやまるということは、日本の極東防衛のために散った人たちに対して、ひとつの冒とくになると思う」

⊙――上海、南京、シンガポール、マニラの延長線上にあった沖縄

沖縄戦における日本軍人の市民殺害という出来事の多くは、猜疑心や疑心暗鬼で沖縄の住民を「敵と通じているスパイ」と思い込み、敵の同調者なのだから殺しても構わない、それが自分と味方を守ることに繋がる、という軍人の硬直した思考が生んだ悲劇だった。

それは、本書の第二章で検証した上海および南京での日本軍人による市民殺害、そして第四章で述べたシンガポールおよびマニラでの日本軍人による市民殺害と、動機や状況認識の面で同一線上に位置する行動だった。

言い換えれば、本土出身の日本軍人の中には、沖縄の市民を、上海や南京、シンガポール、マニラの外国市民と同じように考える人間が少なからず存在していたのである。

日本陸軍の軍曹として中国戦線で戦った経歴を持つ、ある沖縄出身の防衛隊の班長は、米軍の沖縄上陸が始まる前、日本軍人が浦添市のある区長に無理な供出を強要しているのを見て、次のような言葉で怒鳴りつけて抗議した。

「なんで区長に無理難題を吹っかけるのか、おまえたちは、沖縄住民を支那（中国）人と考えているのか！　支那と間違うな！」

ちなみに、第32軍司令官の牛島満中将は、一九三七年の日本軍による南京攻略戦（第二章を参照）の際は、金山衛方面から南京へと進撃した第10軍に所属する第6師団歩兵第36旅団の旅団長だった（当時の階級は少将）。また、第32軍参謀長の長勇少将も、南京攻略戦では中支那方面軍の参謀将校を務め、捕虜の処刑を命令したことで方面軍司令官の松井石根大将から咎められたという経歴の持ち主だった。

長勇は、沖縄戦が始まる約二か月前の一九四五年一月二十七日付『沖縄新報』で、記者の質問に答えて次のように自分の考えを披露していた。

「敵が上陸し、食糧輸送が不可能な時になって、一般県民が餓死するから食糧をくれといったって、軍は、これに応ずるわけにはいかぬ。軍は戦争に勝つ重大な任務の遂行こそが使命であり、県民の生活を救うがために、負けることは許されない」

当時の日本軍（大日本帝国の陸海軍）は、「皇軍」という異名が物語るように、天皇と「天皇中心の国体」を守るために存在する軍隊と理解されており、市民も非常時には天皇と「天皇中心の国体」を守るために献身奉仕せよとの思想教育がなされていた。

沖縄戦を前にして述べられた長勇の言葉は、こうした価値観や死生観を土台とするもので、戦争遂行を継続するためなら、市民を犠牲にしても許されるという軍人の優先順位を明瞭に示していた。上海と南京で大勢の中国人市民を死に追いやった思考形態は、それから八年後に、日本の沖縄で大勢の日本人市民を死に追いやる結果へと繋がっていった。

言い換えれば、歴史書では切り離して語られることの多い南京虐殺と沖縄戦での市民の犠牲は、一本の川の流れのように連続した出来事として理解されるべき問題なのである。

⦿――市民を道連れにしなかった日本軍人の存在

ただし、沖縄戦では、本章で紹介してきたような「市民を殺害する日本軍人」だけでなく、逆に「市民の命を救った日本軍人」も少なからず存在した。

冒頭で紹介した二〇一五年六月二十二日付『東京新聞』朝刊の記事には、当時女学生として沖縄戦を経験した女性（翁長雄志元沖縄県知事の叔母の翁長安子）による、次のような証言も紹介されていた。彼女が当時所属した「永岡隊」隊長の永岡大尉は、いよいよ状況が絶望的となった一九四五年六月二十二日の朝、彼女らに「君たちは若い。死んではいけない。捕虜になりなさい」と諭し、米軍に投降して生き延びる道を選ばせたという。

永岡大尉とは、郷土部隊として地元で編成された、沖縄特設警備隊第２２３中隊の中隊長だった永岡敬淳陸軍大尉のことで、沖縄戦が始まる前は首里安国寺の住職と沖縄第一中学校の教諭を務め、同部隊には学校の教員や県庁職員などが多く属していた。

また、前出の『沖縄県史　各論編　第六巻　沖縄戦』にも、自分たちの「玉砕」に県民を道連れにせず、戦後の沖縄のために生き延びるよう投降を勧めた日本軍人がいたという住民の証言が収録されている。

「しかしそうではない【住民を迫害しなかった】将兵も少なくなかった。喜屋武岬で、ある少尉が民間人に乾麺包（乾パンのこと）と水を与え、『君達民間人は手を上げて、出て行きなさい』と言ったので住民五人は米軍に保護されたという住民の証言がある。

南部の壕のなかで家族で自決しようとしていると、日本兵に『あんたたち、アメリカ兵は決して住民を殺すことはしないから、安心して出て行きなさい』と手榴弾や銃を取り上げられ、壕を出て助かったという証言、日本兵が『おばさん、民間人は死なさないから、もう出る方がいいですよ』と勧められたという証言、日本兵から、あなたは大勢の子どもを連れているので手を上げて出なさいとすすめられたので投降して助かったという証言など、住民に対して、死なずに投降するように勧めた日本兵の話は少なくない。（略）

こうした日本兵の言動は、日本軍の組織が解体し、一人の人間として考え行動できるようになってはじめて可能になった。日本軍の組織が維持されている限りは、軍の思想が強要され、捕虜になってでも生き延びよとはけっして言えなかったからである」（同書、467-468頁、【】内は引用者の補足）

米軍に投降しようとした市民や、一度投降した市民を小銃や拳銃、軍刀で殺害した日本軍人と、逆に米軍に投降して生き延びるよう市民を説得した日本軍人。同じ戦いにおける同じ軍隊にも、このような正反対の態度をとる軍人がいた。

なぜそのような違いが生じたのかについては、引用文の最後の説明が示唆しているが、「軍官民共生共死」という言葉を信じて戦争に協力し、献身奉仕したにもかかわらず、日本軍人から理不尽に迫害されたり、「スパイ」の汚名を着せられて命を奪われた家族が数多く存在した事実は、市民の側から見れば忘れることのできない不条理だった。

ポツダム宣言受諾の玉音放送から三週間以上が経過した九月七日、嘉手納の米軍司令部で沖縄守備軍の降伏調印式が行われ、沖縄戦はようやく実質的な終焉の時を迎えた。

公式の統計によれば、沖縄戦における日米両軍の戦没者数は約二〇万人で、日本軍戦死者の沖縄以外の出身者は六万六〇〇〇人、米軍の戦死者数は一万二五〇〇人だった。そして、残る一二万二〇〇〇人の沖縄出身者のうち、軍人と軍属（防衛隊や学徒隊も含む）は二万八〇〇〇人で、それを除く民間人の死亡者数は、九万四〇〇〇人に達していた。このほか、記録に残らない戦没者として、朝鮮人の労働者が約一万人いたとされている。

民間人の死亡者数九万四〇〇〇人の中で、どれほどの市民が日本軍人によって殺害されたかを、正確に知ることは難しい。沖縄県教職員組合の「旧日本軍の犯罪追及委員会」の調査によれば、その人数は約八〇〇人とされているが、集団自決（強制集団死）の犠牲者を含んだ数字で、日本軍人による直接的な殺害の犠牲者だけを示したものではない。

だが、本章で紹介した「生存者の証言に基づく事例」だけでも、死者の合計は八五人に達しており、目撃者がいない場所で行われた殺害や、母親への乳児殺害の強制、一家全滅の事例などを含めれば、一〇〇人を大きく上回ることは確実と見られる。

本章で引用した以外にも、沖縄戦を生き延びた県民の手記には同様の事例が数多く記されており、日本軍人による市民の殺害が決して「例外」扱いできるほど少数ではなく、むしろ構造的な問題として、県内の至るところで発生していたことがわかる。

これが、沖縄戦における最も凄惨な側面だった。

ルポ

沖縄

日本

太平洋戦争期に激しい地上戦の舞台となった沖縄には、戦争に関する博物館や記念碑、史跡が数え切れないほど存在しているが、その多くは那覇市とその南に集中している。

当時、沖縄戦を指揮した第32軍司令官の牛島満中将は、大勢の市民を巻き添えにすることを承知の上で、アメリカ軍の日本本土上陸を遅らせる時間稼ぎの遅滞戦術を、本島南部で展開した。そのため、本島最南端の糸満市には、軍と市民が使用した壕や、学校ごとに創設された看護隊に参加した女学生の記念碑（沖縄戦時の女子看護隊に関する博物館「ひめゆり平和祈念資料館」が併設された「ひめゆりの塔」が有名だが、他にも「梯梧之塔」「ずゐせんの塔」「白梅の塔」などがある）があちこちに存在している。

糸満市の南東端にある「平和祈念公園」内にも、沖縄戦で命を落とした市民と軍人の記念碑や慰霊碑が数多く存在し、中心部の「平和の礎」の北側にある博物館「沖縄県平和祈念資料館」は、沖縄戦の壮絶な実相を語り継ぐ展示を行っている。

沖縄で最も有名な観光名所である「首里城」の近くにも、第32軍司令部壕の入

◉渡嘉敷島にある戦没市民の慰霊碑「白玉之塔」

り口や、軍に編入された中学生から成る学徒隊「鉄血勤皇隊」のひとつである沖縄県立第一中学校の学生と教員を慰霊する塔「一中健児の塔」など、沖縄戦に関する戦跡が存在しており、後者は沖縄戦での「鉄血勤皇隊」の活動内容を当時の遺品などと共に詳しく解説した「一中学徒隊資料展示室」が併設されている。

那覇市の中心部から沖縄本島北部の国頭村までは、車で走ると一〇〇キロほどで、渋滞がなければ約一時間半で到着する。村の山側には、「国頭村戦没者慰霊塔」が建つ。

那覇市の西約三〇キロの場所にある渡嘉敷島には、那覇の泊港から高速船かフェリーで訪問できる。所要時間は、高速船なら約三五分、フェリーなら一時間一〇分ほどだが、本数が限られているので、日帰りするためには出発時間を確認しておく必要がある。

渡嘉敷島の東部にある丘陵部の道路脇に、沖縄戦の最中に犠牲となった島民を慰霊する碑「白玉之塔」が建っている。そこから北西に二キロほど車を走らせると、「国立沖縄青少年の家」の敷地内に、集団自決の行われた跡地がある。島の

◉久米島の軍人に殺された市民の慰霊碑「痛恨之碑」

西側の海岸には、赤松嘉次大尉の海上挺進第3戦隊の特攻艇が格納されていた洞窟が今も保存されている。

那覇市から九〇キロほど西に浮かぶ久米島へは、那覇空港からプロペラの飛行機で三五分ほどで着く。久米島空港から南東に、直線距離で約二・五キロの場所に広がるサトウキビ畑の中に、沖縄戦の最中に日本軍人に殺害された島民を慰霊する「痛恨之碑」が建てられている。だが、日本軍人による市民殺害は、沖縄各地にある沖縄戦の関連施設でも正面から言及されることはほとんどない。「痛恨之碑」は、その数少ない例外と言える。

第七章

広島・長崎

日本——歴史上ただ二つの核攻撃による市民の大量死

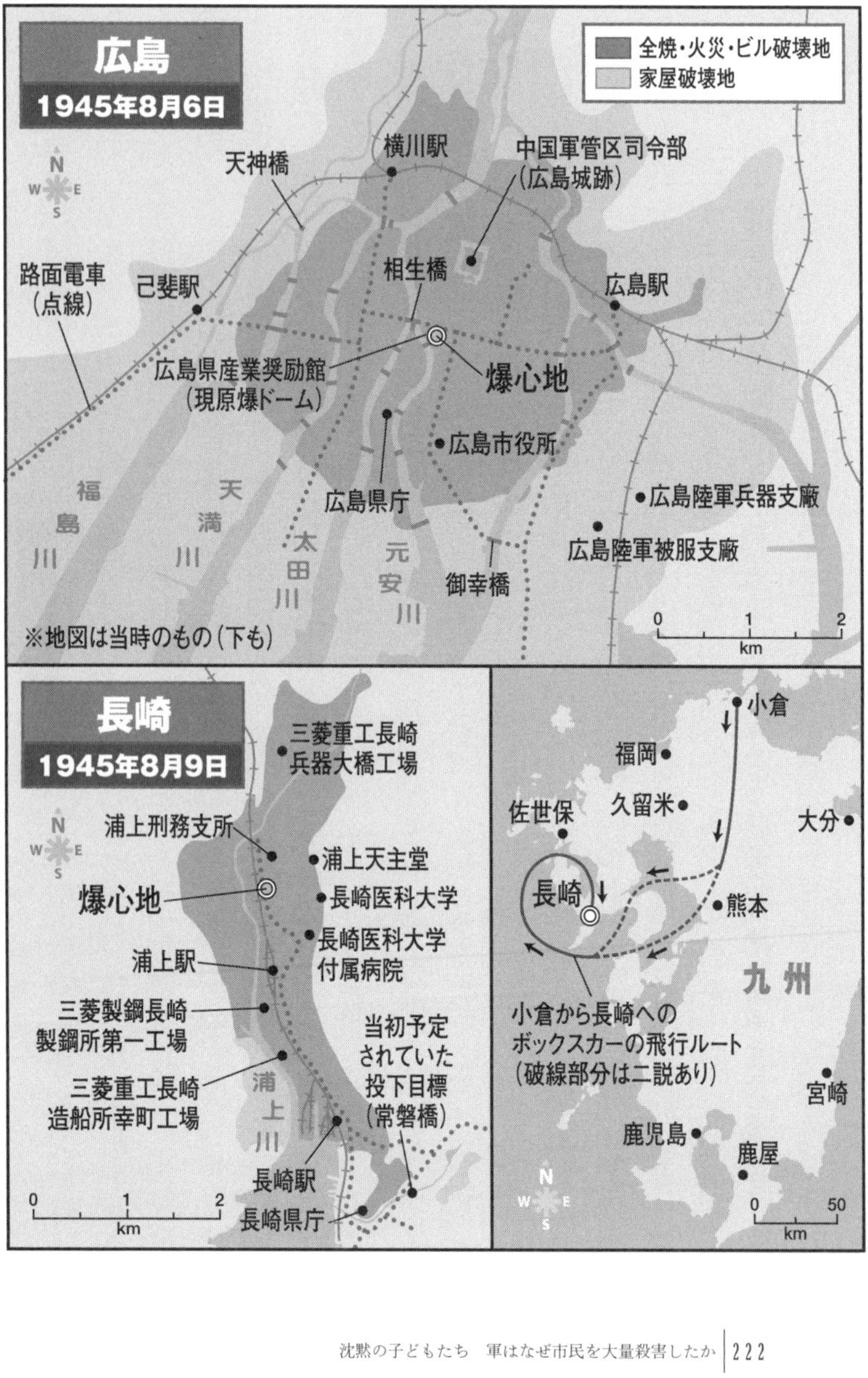
広島
1945年8月6日
全焼・火災・ビル破壊地
家屋破壊地
横川駅
天神橋
中国軍管区司令部
（広島城跡）
相生橋
路面電車
（点線）
己斐駅
広島駅
広島県産業奨励館
（現原爆ドーム）
爆心地
広島市役所
広島県庁
広島陸軍兵器支廠
広島陸軍被服支廠
福島川
天満川
太田川
元安川
御幸橋
※地図は当時のもの（下も）
0 1 2
km
長崎
1945年8月9日
三菱重工長崎
兵器大橋工場
浦上刑務支所
浦上天主堂
爆心地
長崎医科大学
長崎医科大学
付属病院
浦上駅
三菱製鋼長崎
製鋼所第一工場
三菱重工長崎
造船所幸町工場
浦上川
当初予定
されていた
投下目標
（常磐橋）
長崎駅
長崎県庁
0 1 2
km
小倉
福岡
久留米
佐世保
大分
長崎
熊本
九州
小倉から長崎への
ボックスカーの飛行ルート
（破線部分は二説あり）
宮崎
鹿児島
鹿屋
0 50
km

⊙――歴史上ただ二つの核兵器の実戦使用

第二次世界大戦が、終結に向けたカウントダウンの段階に入っていた一九四五年八月、二発の核兵器が、アメリカ軍の爆撃機によって、日本の二つの都市に投下された。

木造家屋が多く建ち並ぶ広島と長崎で、巨大なカメラのフラッシュを焚いたような閃光のあと、人類が誰一人として過去に経験したことのないほどの爆風が、地上の人や物を一瞬でなぎ倒した。数秒後、核兵器のシンボルとも言える巨大なキノコ雲が空を覆い、その下では熱線に灼かれて炭化した市民の死体と、焼け爛れた皮膚を垂らしながら水を求めてさまよう市民の凄惨な姿が、破壊されてほぼ更地となった街のあちこちで見られた。

原子爆弾＝原爆の持つ恐ろしい破壊力が、無防備な市民に襲いかかったのである。

戦後、アメリカ政府は広島と長崎に対する核兵器の使用について、米軍の日本本土上陸を回避して数十万あるいは百万人のアメリカ兵を救うためだったという説明を繰り返す一方、核兵器開発への反対運動が内外で高まることを恐れ、広島と長崎で市民が受けた重度の火傷などの映像記録を長い間封印した。

その結果、広島と長崎への原爆投下から半世紀後の一九九五年に行われた、米国市民を対象とした米ギャラップ社の世論調査でも、日本への原爆の使用というトルーマン大統領（当時）の決定について、六五歳以上の八〇パーセント、五〇歳から六四歳までの年齢層でも七二パーセントが「支持する」と回答した。

だが実際には、合衆国大統領を頂点とするアメリカの戦争指導部において、百万人の損害が予想される本土上陸か、それとも広島と長崎への原爆投下か、という単純な二者択一の議論が行われた末、後者が「やむを得ず」選択されたことを示す記録はない。それどころか、広島と長崎に対する原爆の投下を大統領として軍に命じる、トルーマンの署名入りの命令文書すら、現在に至るまで一枚も発見されていないのである。

では、原爆の投下を実際に命令した人物は誰なのか。

広島と長崎にある原爆に関する博物館や記念碑には、あのような惨禍は二度と繰り返してはならないという切実な願いが記されているが、アメリカのオハイオ州デイトンにあるアメリカ空軍博物館には、長崎に原爆を投下したB29「ボックスカー」の実機が、「第二次世界大戦を終わらせた飛行機」という誇らしげな看板と共に展示され、アメリカ人の親子が笑顔で記念撮影をしている光景も見られる。

そこには、広島と長崎の原爆に関する博物館に数多く展示されている、被爆した市民の悲惨な姿を捉えた写真などの展示はない。

「ボックスカー（BOCKSCAR）」という名称は、その機体の本来の機長であったフレデリック・ボック（BOCK）の車（CAR）という意味と、有蓋貨車を意味する単語（BOXCAR）を掛けたものだった。現在は機体の周囲が柵で囲われているが、一九九〇年代には柵はなく、羽根の生えた貨車がソルトレイクから長崎へと飛ぶ絵（ノーズアート）が機首に描かれた銀色の機体を直接触ることもできた。

広島に原爆を投下したB29「エノラ・ゲイ（ENOLA GAY、機長であるポール・ティベッツ大佐の母親の名）」も、現在はワシントンDCのスミソニアン航空宇宙博物館別館で、やはり原爆被害に関する説明なしに展示公開されている。

つまり、アメリカでは原爆を投下したB29が、今なお「戦争を勝利に導いた英雄」として顕彰されており、アメリカ軍が保有する世界最強の核戦力の正当性を脅かすような、核兵器の「非人道性」という側面は、実質的に無視されているのである。

この章では、軍による市民の大量殺害という観点から、改めて広島と長崎への原子爆弾の投下という人類史の重要な出来事に光を当てる。

この二つの都市への原爆の投下は、どのような経緯でなされたのか。アメリカ政府は、いかなる理由で原爆という大量破壊兵器の開発をスタートしたのか。原爆投下の意志決定と目標の選定に際し、政府と軍の上層部ではどんな議論が行われたのか。

そして、現在までの歴史上ただ二つ、核兵器の実戦使用が行われた広島と長崎では、女性や子どもを含む大勢の市民が、いかにして苦しみ、死んでいったのだろうか。

【市民殺害の情景】広島と長崎を焼き破壊した熱線と衝撃波

◉——広島市民の頭上に落とされた原子爆弾「リトル・ボーイ」

一九四五年八月六日の朝、広島市の中心部では、大勢の中学生が勤労奉仕の婦人たちと共に、屋外で「建物疎開」と呼ばれる作業を始めていた。

これは、密集した街並みが空襲を受けて火災が発生することを想定し、周辺地域への延焼を防ぐために、あらかじめ一部の建物を解体・撤去しておく作業だった。中学生の仕事は、主にガレキの運び出しなどで、同日朝には約八〇〇〇人の中学生が、間もなく原爆の「爆心地」となる場所から二キロの圏内で、この作業に従事していたものと見られる。

広島の天候は晴天で、気温は朝から上昇し、上着を脱いで作業する中学生も多かった。午前七時九分、空襲警報が発令されて市民は防空壕へと避難したが、空襲はなく、七時三一分に警報が解除されると、人々は防空壕から出て、それぞれの活動を再開した。

それから四四分が経過した午前八時十五分、広島上空に現れた銀色の四発爆撃機B29から、一個の原子爆弾が投下された。歴史上初めて実戦で使われる核兵器だった。

突然、小さな太陽のような閃光が広島の空を覆い、それに続く一〇秒ほどの間に、都市の中心部が圧倒的な力で破壊された。第一章で触れた焼夷弾による無差別爆撃と異なり、一瞬で炭のように黒こげになって死亡する市民が、爆心地から二キロ以内で多数発生した。だが、それは原爆という大量破壊兵器がもたらす被害の、ごく一部にすぎなかった。

広島に投下された原爆が、どのような形で同市を壊滅させ、大勢の市民を殺傷したかについて、ＮＨＫ（日本放送協会）は一九九八年に『原爆投下・10秒の衝撃』という番組を制作して同年八月六日に放送し、一九九九年七月には同番組の取材データを元に同名の書籍をＮＨＫ出版から刊行した。検証には、当時アメリカで原爆開発に携わった科学者をはじめ、日米両国の学者や技術専門家が多数協力し、広島に投下された原爆が都市を破壊し市民を殺傷するメカニズムの解明に、大きな進展をもたらした。

以下、同書の記述を中心に、広島における原爆炸裂の経過を振り返る。

高度約九六〇〇メートルを飛行しながら広島上空に到達したB29「エノラ・ゲイ」は、上空から目視で確認しやすい太田川と元安川の合流点にあるT字型の相生橋を目標にして、原子爆弾「リトル・ボーイ（ちびっこ）」を投下した。

八時十五分、その目標から二五〇メートルほど南東にある島病院の南西上空で、約六〇〇メートル（以前は米軍の記録に基づき、島病院の南東上空五六七ないし五八〇メートルとされていたが、二〇〇四年の調査報告書で改定された）の高度にまで落下した時、同爆弾の内部で起爆装置が作動し、ウラン２３５の核分裂反応が始まった。

まず最初に起きたのが、中性子の放出だった。核分裂反応の開始からわずか一〇〇万分の一秒で、あらゆる物質を透過して人体にダメージを与える中性子が、地上に向けて降り注いだ。地上の物質と衝突した中性子は、そこでガンマ線という放射線を生み、より長時間にわたって地上の人々に有害な放射線を浴びせる効果をもたらしていた。

大量の放射線を浴びた市民は、後述する熱線や衝撃波による死を免れたとしても、緩やかに進行する放射線障害で命を落とす場合が多かった。まず嘔吐や下痢、発熱が見られ、数日後には脱毛が発生し、皮膚に生じる赤や紫の斑点、白血球の低下、吐血、歯茎からの出血などの症状が進行する。そのあと意識障害を発症し、多くは数日のうちに死亡した。

◉——放射線、熱線、衝撃波による市民の大量殺害

一瞬のうちに起きた中性子放出のあと、次の瞬間には強烈な閃光と共に爆弾が火球へと変わり、核分裂反応で生じたガンマ線がさらに大量に放出された。それと共に、上空の火球から放たれた超高温の熱線が、地上の市民へと襲いかかった。

核分裂反応の開始から一〇〇万分の一五秒後、火球の直径は二〇メートル、中心の温度は一〇〇万度に達し、その〇・二秒後に直径が三一〇メートルに膨張した火球から、摂氏一八〇〇度を越える熱線が広島の中心部に降り注いだ。火球の表面温度は六〇〇〇度に達し、爆心地付近では地表温度が三〇〇〇度を超えたともいわれている。

爆心地から一・二キロの範囲では、高熱で屋根瓦が泡を吹く現象が見られ、人間は瞬時に黒こげになって即死し、炭化した人形のように地面に横たわった。爆心地から二キロを超える場所でも、熱線による「閃光やけど（フラッシュバーン）」が人々を襲い、露出していた皮膚を灼いて、衣服を脱がせるかのように肉体から剝ぎ取った。

閃光やけどとは、超高温の熱線で皮膚の内部にある水分が一瞬で蒸発し、水蒸気が皮膚を膨らませて破裂し、皮膚と皮下組織を剝離させる、特殊な熱傷だった。真夏の暑さのため、腕や上半身を露出して屋外作業を行っていた市民の中には、閃光やけどでそれらの皮膚が剝がれ、雑巾をぶら下げたように両手の先から皮膚を垂らしている者も多かった。

現在「原爆ドーム」と呼ばれる「広島県産業奨励館」の中央部のドームは、緑青を生じさせた薄い銅板で覆われていたが、融点の低い銅は熱線を受けて一瞬で溶け落ちた。

火球の膨張は、付近の空気を瞬時に加熱して圧力を急上昇させ、その周囲に凄まじい勢いで拡散する「衝撃波」を生み出した。核分裂反応の開始から三秒後までの短い間に、空気が岩石のように地上の人や物をなぎ倒す現象が、広島の街並みを容赦なく蹂躙した。

爆心地から約一三〇メートルの場所にあった広島県産業奨励館は、銅板の溶融で天井のドームが骨組みだけとなっていた建物の中央だけは圧力が拡散されて崩壊を免れたが、それ以外の三階建ての建物本体部分は、一平方メートル当たり二〇トンという凄まじい衝撃波が屋根のスレートを直撃し、一部の壁を残して、ほぼ垂直に崩れ落ちた。

爆心地から一キロ離れた場所でも、衝撃波の威力は最大で一平方メートル当たり七トンに達し、その暴力的なエネルギーの犠牲となった市民も大勢いた。地面や建物に叩きつけられたり、爆風で飛んできた物体の直撃を受けたり、粉々に割れたガラスの破片が全身に突き刺さったり、崩れた建物の下敷きとなったり、圧力で肺を押し潰されたり、内臓や眼球が飛び出したり、衝撃波はさまざまな形で人の命を奪った。

広島では、原爆は「ピカドン」とも呼ばれるが、「ピカ」は閃光と熱線、「ドン」は衝撃波を表している。だが、衝撃波が過ぎ去っても、まだ終わりではなかった。

膨張した火球の熱が上昇気流を生み出すのと共に、衝撃波の発生で爆心地付近の気圧が下がる状況により、いったん周辺に向けて拡散した暴風が、今度は逆に中心へと向かって吹き戻され、放射能に汚染された土埃や熱線で炭化した物体の塵芥などを大量に巻き込んだ空気が、核兵器特有の巨大なキノコ雲となって広島上空に立ち昇った。

これらの一連の出来事が、核分裂反応の開始から、わずか一〇秒ほどで発生した。

また、熱線と衝撃波で崩壊した建物のあちこちで火災が発生し、建物の下でまだ生きていた市民も、火炎に包まれて焼死した。熱線による閃光やけどで皮膚が剥がれた人々は、失われた水分を補うため、川を目指して彷徨い歩いたが、大量の水を飲んで血液濃度が薄まり、血圧の低下で死亡して、そのまま川に流される人も少なくなかった。

原爆の炸裂から約三〇分後、広島市の西部で「黒い雨」が降り始めた。吹き戻しでキノコ雲の中に巻き上げられた、放射能で汚染された土埃などが、雲の水滴と結合して雨のような降下物となり、原爆の直接的被害を免れた市民の頭上へと降り注いだのである。

⊙――長崎市の北部に投下された二発目の原子爆弾

広島に原爆が投下された翌日の八月七日、長崎市北部にある長崎医科大学（現長崎大学医学部）の角尾晋学長は、七月末に始まった東京出張からの帰途、破壊された広島に立ち寄り、リュックサックを背負って市内の焦土を歩きながら、凄惨な光景を観察した。

翌八月八日、長崎に戻った角尾学長は、同医科大学の全教職員と学生を前に、広島で目撃した惨状を報告した。彼は「そこに投下されたのは新型爆弾であり、地上に何物も残さぬほど、想像を絶する破壊力を持つ」との所見を伝えたが、具体的にどのような原理で炸裂した爆弾かは不明で、教員も医学生も、漠然とした緊張と不安を心に抱いた。

その翌日の八月九日朝、長崎の天候は快晴だったが、天気予報では次第に雲が広がると予想されていた。三日前の広島と同様、午前七時前に空襲警報が発令されたが、九時には解除となり、子どもも大人も普段と同じ生活に戻っていた。

爆心地の東約五〇〇メートルから南東約八〇〇メートルの圏内に林立する、長崎医科大学と付属病院、薬学専門部、風土病研究所、看護婦寄宿舎などの大小の建物には、九〇〇人以上の医師や職員、医学生などがいた。午前十一時過ぎ、同医大の基礎医学棟では、約四〇〇人の医学生が五つの木造講堂で講義を受けていた。付属病院では、臨床各科に学生が配属され、角尾学長兼第一内科教授らの監督下で、卒業試験が行われていた。

一九四五年八月九日の午前十一時二分、長崎駅の北約二・五キロの場所にある松山町という場所の上空約五〇〇メートルで、B29「ボックス・カー」から投下された原爆が、核分裂反応を開始した。

広島の場合と同様、まず中性子の放出があり、次いで閃光と共に強烈なガンマ線と熱線が地上の市民を襲った。その一秒後、摂氏約三〇万度の火球が直径二四〇メートルに膨張し、表面温度は最大で七七〇〇度に達し、東西を山に挟まれて南北に伸びる長崎北部の街並みに、秒速二五〇メートル前後の猛烈な衝撃波が拡散した。

長崎医科大学の敷地では、木造講堂で講義を受けていた医学生の大半が、教授と相対するように整然と座席に座ったままの姿勢で、建物ごと灼かれて白骨と化した。倒壊炎上する講堂から這い出し、九死に一生を得たかに見えた学生も、爆心地から約五五〇メートルという至近距離で放射線を被曝したために次々と倒れ、一か月以内に全員が死亡した。

付属病院の堅固なコンクリートの建物では、爆心地に面した北側と西側の窓から爆風や熱線が室内に吹き込み、間もなく火災が発生した。角尾学長は、付属病院の外来本館二階の北西角にある診察室にいたが、北側の窓を背に座っていたため、衝撃波で割れた窓硝子が背中一面に刺さり、後頭部や手足にも負傷して、白衣が血まみれとなった。

同医大のグラウンドに近い丘に建つ浦上天主堂の鐘楼も、爆心地から五〇〇メートルの距離で衝撃波を浴びて崩落し、建物も壁の一部を残して崩れ落ちた。爆心地から半径一・五キロ圏内には、長崎医科大学以外にも九個の学校が存在したが、そこに通う子どものほとんどは、熱線や衝撃波で即死するか、続いて発生した火災で焼死した。

軽傷で済んだ長崎医科大学とその関連施設の医師や職員、学生たちは、炎上する病院を脱出して東側の山に避難した。その後、重傷の角尾学長に後事を託されて学長代理となった古屋野宏平教授を中心に、被爆した人々の救援活動が始まり、数日後には同医大の調来助助教授が率いる滑石救護班と、永井隆助教授が指揮する三山救護班が、原爆の被害を受けた市民に対する医療救護活動を本格的にスタートした。

◉──長崎医科大学の医師たちが記録した原爆被害の実情

八月九日の長崎で自らも被爆し頭部を負傷した、永井隆助教授を隊長とする三山救護班は、十月八日までの二か月にわたり、生存する負傷者の診察と手当に当たった。この短い時期の診断と観察に基づく原爆被害の特徴について、永井は厳密な検査に基づく「学問的に正確な記述」ではないと注記した上で、十月十五日に古屋野学長代理宛の詳細な報告書を作成した。そこには、次のような所見が記されていた。

「原子爆弾による人体損傷は爆圧によるものと放射線によるものと二種である。(略)

爆心より一粁（キロメートル）以内に於て路上、田畑、庭園、屋上等に在って全身曝露していた者は即時或は短時間内に死亡した。その多くは爆圧による死亡と推定される。眼球脱出、腹壁破裂等も見られたが之は爆圧により圧し潰し出されたものであろうか。地面に強く叩き付けられたものか、或は吹き飛ばされて打ち付けられたものか、頭蓋骨折、内臓破裂、内出血等と推定される屍体が多かった。熱線により所謂（いわゆる）焼き殺されたものがあるか否かは爆心地点の屍体を見なかったから分らぬが、爆心地より七百米（メートル）の距離で死んだ吾が科の山下看護婦の顔面は黒焦にやや近い色にまで変わっていたが毛髪は頭巾を被っていなかったにも拘らず焦げたり縮れたりしていなかった。勿論身体前面の皮膚は剝離していた。（略）

三粁以内に於て爆弾に面し曝露していた皮膚は一種特有の損傷を呈した。一般には之を火傷と称している。勿論強烈な熱線を受けたのであるから火傷を生じたのである。然し熱による火傷の他に作用が加わっているのではないかと余等は思うのである。（略）

今其の皮膚損傷状態を述べると、顔面は不規則に断裂し、四肢は長軸方向に長く幾条にも裂け関節部等で僅かに付着し、或いは端が縮れてぶらぶらし、それは真皮下に於て其底から剝離し、料理のワニザメの湯引きと称する物に似て、べろべろに縮み上り、千切れぼろをぶらさげた様である。その剝離部からは出血しているのである（略）

患者に『熱い』又は『熱かった』と訴えた者はなかった。皆一様に『寒い寒い』と叫んだ。真夏の真昼に寒がったのである」（『忘れえぬ日　長崎医科大学被爆50周年記念誌』、76-79頁）

長崎医大で物理的療法科部長を務めた永井助教授は、放射線医学を専攻していたため、原爆被害としての放射線障害に関しても報告書で詳しく所見を述べていたが、八月九日に生じた外傷の治療を受けていた角尾教授の肉体にも、八月十八日頃から高熱と皮下出血、口内炎などの放射線障害の症状が出始めた。

角尾教授は周囲の者に「こんどの爆弾は、普通と違って、何かプラスXがある」「こんなに高熱が出ているのに、汗が出ないのはどうしてだろう。被爆で受けた外傷以外の何物かの影響で、新しい病気が起こり始めている。自分が長年勉強したどのページにも書いていなかったこの新しい症状は、必ずや新しい病気に違いない」との疑問を漏らしたが、容態は改善せず、玉音放送から一週間後の八月二十二日、角尾晋学長は世を去った。

アメリカ軍が広島と長崎に投下した原爆によって、どれだけの死者が生じたのか。

戸籍の消失などで不明な点も多いが、広島では一九四五年八月から十二月までの四か月間に、原爆投下直後の即死者を含め、九万ないし一二万人が死亡したと見られている。

長崎では、一九四五年八月から十二月までの四か月間に死亡した人数は、約七万四〇〇〇人とされている。

広島と長崎にも、陸軍や海軍の関連施設は存在したが、爆心地に近い場所には軍の大部隊は駐屯しておらず、両方合わせて二〇万人弱となる死者のほとんどは、市民だった。

アメリカはなぜ原子爆弾を開発したのか

⊙──当初は「ドイツに先んじる」ことが目的だった原爆開発

南京における日本軍人による中国人大量虐殺を理解する上で、その前段階としての上海戦と南京への進撃作戦の実情が重要な意味を持つのと同様、アメリカ軍による広島と長崎への原爆投下が持つ意味を理解するには、そこに至る経緯をまず知る必要がある。

一九四一年十二月七日（日本時間では八日）に、ハワイの真珠湾への奇襲攻撃で対米戦争を開始した日本は、アメリカ国民から見れば、歴史上初めて自国を「だまし打ち」で攻撃した「卑怯で邪悪な国」であり、国内の日系人を強制収容所に送る（一九四二年二月）など、日本人や日系人に対する敵意や憎しみの世論は、一九四五年九月二日の日本降伏まで、アメリカ国内では支配的だった（八月十五日は正式な降伏や終戦の日付ではない）。

そして、戦後のアメリカでは、原爆投下の非人道性への批判に対し「日本軍の真珠湾攻撃」を引き合いに出して反論する風潮が根強く、あたかも前者と後者が密接な関連を持つ出来事であるかのようなイメージを抱く人も、日米両国で少なくない。

だが、アメリカ国内で原爆という大量破壊兵器の研究開発がスタートしたきっかけは、日本軍の真珠湾攻撃ではなかった。その二年前の一九三九年から、のちに広島と長崎への原爆投下に繋がる核反応兵器の研究が、ゆっくりと動き出していたのである。

核エネルギーの兵器開発への応用について、最初にアメリカ軍関係者に示唆した科学者は、ユダヤ人の妻と共にイタリアから一九三八年にアメリカへと亡命していた物理学者のエンリコ・フェルミだった。同年末に、ドイツでウランの核分裂が発見されていた事実を踏まえ、フェルミは一九三九年三月十八日に米コロンビア大学で催された核エネルギーの軍事利用の可能性に関する会議で、中性子を用いた爆発の原理を海軍代表者に示唆した。

それから五か月後の八月、ドイツからアメリカに亡命したユダヤ系の物理学者アルバート・アインシュタインの署名が入った、米大統領宛の書簡が作成された。八月二日という日付の入ったこの手紙を実際に書いたのは、ハンガリーからアメリカに亡命したユダヤ系の物理学者レオ・シラードで、ウランを用いた爆弾の可能性に言及した内容だった。

実際には、この時点では後に完成する原子爆弾のイメージはまだ存在せず、天然ウランを大量に集めて核連鎖反応を引き起こせば「きわめて強力な新型爆弾にできるかもしれない」という示唆に留まっていた。核反応には、天然ウランにわずか〇・七パーセントしか含まれていない同位元素「ウラン235」が必要となるが、当時はその分離技術が実用化されておらず、爆弾として機能させるには厖大な量のウランが必要と見込まれたため、航空機で運ぶには「あまりに重すぎ」るので、船で運搬する必要があると述べていた。

そして、書簡の最後では、ドイツが同種の核反応兵器を開発している可能性にも触れていたが、ナチスの迫害から逃れるためにアメリカに亡命していた物理学者にとって、ドイツが世界に先んじてこの「超兵器」の開発に成功する展開は、悪夢に他ならなかった。

シラードは、核分裂が発見されるより五年も前の一九三三年頃から、将来この種の核反応を利用した兵器が開発される可能性に気づいており、アメリカがドイツに先んじて核兵器を開発し、保有することで、ナチスのヨーロッパ支配に対抗すべきだと理解していた。

⊙――「マンハッタン計画」とレズリー・グローヴス

ドイツ軍のポーランド侵攻と共に第二次世界大戦が勃発した翌月の一九三九年十月十一日、ローズヴェルト米大統領はアインシュタイン名義の書簡に目を通し、その重要性を理解した上で、陸海軍の兵器専門家を含む行政機構「ウラン諮問委員会」を設立した。

この段階では、かつて海軍次官として米海軍艦艇の拡充に尽力したローズヴェルトの関心は、核反応爆弾よりも実用性が高いと思われる、軍艦の動力源としての原子炉研究に向けられており、核爆弾研究の優先順位は最上位ではなかった。一九四一年の五月と七月には、ウランの原子核を変換させて生成する「プルトニウム２３９」が、より大きなエネルギーを持つ爆弾になりうる事実が確認されたが、あくまで構想段階に留まっていた。

その後、ドイツの核開発に関して、シラードらユダヤ系の物理学者と同様の危機感を抱いたイギリスの物理学者による研究内容が、一九四一年十月にアメリカへ伝わると、米政府も核爆弾の開発に本腰を入れる方向へと転換した。軍の新兵器開発を統括する科学研究開発局（一九四一年六月創設）は、一九四一年十二月六日（米国時間で真珠湾攻撃前日）に開かれた傘下組織の会議で、原子爆弾の開発に全力を挙げることを決定した。

原爆開発のための最初の研究所は、イリノイ州のシカゴ大学の敷地内に開設されたが、機密保持などで問題が多いことが判明し、一九四二年十一月には、ニューメキシコ州北部の険しい崖に囲まれた台地状の土地ロスアラモスに、原爆開発を目的とした研究施設と研究従事者の居住地から成る新たな街を建設することが決定された。

一九四二年は、原爆の材料となるウラン235とプルトニウム239の大量生産法と、それを実用的な爆弾として設計する研究に、科学者の時間と労力が費やされた。六月十八日、原爆の開発全般を管轄する技術管理組織「マンハッタン工兵管区」が陸軍内部に新設され、レズリー・グローヴス陸軍准将が九月十七日付で総責任者に任命された。

グローヴスは、ウランよりもプルトニウムの方が爆弾一発当たりの必要量が少なく、また大量生産工程が完成すればウランよりも安価に確保できることから、原爆の材料として有望だと考えていた。彼は、この二種類の原爆を「戦争が終わる前に完成させ、実戦で使用すること」を自らの使命と考え、迅速な研究開発の進展を科学者たちに要求した。

組織名にちなんで「マンハッタン計画」と呼ばれた原爆開発の極秘プロジェクトには、多数のノーベル賞受賞者を含む大勢の物理学者が参加しており、機密保持のため議会の監査を免除された厖大な費用を費やして、原爆の研究開発に没頭した。

発足から一九四五年八月の広島と長崎への原爆投下までの約三年間に、マンハッタン計画に関連する研究所が米国内の一九州とカナダに計三七か所作られ、国内の科学者や技術者、計算手など約一二万人の人員と、現在の貨幣価値で約三兆円に相当する二〇億ドル以上の予算が割り当てられた。

一九四二年十二月二日、シカゴ大学構内に作られた特設施設で、フェルミらによる史上初の制御下での核連鎖反応が成功し、ウランの核分裂の作用を爆弾に応用可能であることが実験で裏付けられた。

一九四三年三月、ロスアラモス研究所が稼働を開始すると、所長の物理学者ロバート・オッペンハイマーと各地から選抜された科学者たちは、「シン・マン（痩せ男）」という秘匿名を付与されたプルトニウム型原子爆弾の研究開発を進めた。この爆弾は、砲身（ガン・バレル）のような筒状の内部機構に二つのプルトニウム塊を封入し、火薬の爆発力で一方を他方にぶつけることで、核分裂反応を引き起こすというものだった。

砲身型内部機構の実験は、一九四三年九月から一九四四年三月にかけて海軍で行われ、一九四四年前半には、シン・マンの基本構造がほぼ完成したかに見えた。

だが、一九四四年四月にある重大な問題が発見され、シン・マンの設計は大きな障害に直面する。二つのプルトニウム塊を結合させる際の核連鎖反応が、当初計画された砲身型内部機構では、期待されたような爆発力を生み出さない可能性が確認されたのである。

◎――ついに完成した二種類の原子爆弾

この問題により、最初の原爆として開発されたシン・マンの計画は一九四四年七月に放棄され、プルトニウム型原爆は、より技術的に難しい「爆縮（インプロージョン）」の技術で設計し直されることになった。これは、球状の内部機構の中心部にプルトニウムを配置し、周囲で内向きに配置された火薬の爆発力で均等な衝撃波を生み出し、その力で核分裂性物質であるプルトニウムを圧縮して、核反応を引き起こすというものだった。

原爆用の爆縮装置の研究は、一九四三年から予備的に進められていたが、いまだ技術的には完成しておらず、設計変更されたプルトニウム型原爆は、未解決な問題点を短時間で克服する必要に迫られた。一方、ウラン型原爆については、シン・マン用と同様の砲身型内部機構がそのまま使用できることが確認され、五メートル近かった長さを半分程度に切り詰めた形で、実用化に向けた研究開発が進められた。

一九四四年八月の段階では、一年後の一九四五年八月までに完成させられる原爆の見込みは、ウラン型一発だけで、プルトニウム型原爆の完成は、それより遅れるものと考えられていた。だが、ロスアラモス研究所長のオッペンハイマーが爆縮型内部機構の研究部門の責任者を別の物理学者と交替させ、技術部門の人員も強化した結果、爆縮型のプルトニウム原爆の開発スピードが徐々にアップした。

一九四五年に入ると、ウラン型とプルトニウム型の二つの原爆が完成へと近づいたが、ウラン型原爆に使われるウラン235は、いまだ一発分の量しか確保できていなかった。そのため、砲身型内部機構を用いた実験は、ウラン235が分離される前の天然ウランを用いて実施され、計二二回実施された原爆の起爆確認のための核反応実験は、電気系のトラブルに起因する一回の失敗を除いてすべて成功した。

一方、爆縮型のプルトニウム型原爆の場合、想定通りの核分裂が発生するかどうかは、実物を用いた核爆発のテストを行わなければ確認できなかった。IBM社が開発したばかりの計算機（コンピューター）を用いて、爆縮装置の設計に必要となる複雑な計算が繰り返され、実地テストに向けた開発が急ピッチで進められた。

この間、ヨーロッパではグローヴスがドイツの原爆開発状況を探らせるために派遣した調査部隊「アルソス」（ALSOSとは「林」を意味するGLOVESのギリシャ語訳）が、一九四四年十一月にフランスのストラスブールで捕らえたドイツの核物理学者への尋問内容と、押収した関係書類を分析していた。その後、グローヴスは、ドイツの科学者が天然ウランからのウラン235の分離にまだ成功しておらず、従って原爆開発の端緒にも立っていないとの報告をアルソスから受けたが、フェルミやシラードら亡命科学者の原爆開発意欲が低下する可能性を考慮し、この重要な事実をすぐに彼らに伝えなかった（しかし後に知れわたる）。

一九四五年七月十六日の明け方、ロスアラモス研究所から約二五〇キロ南にあるニューメキシコ州南部のアラモゴード爆撃実験場の砂漠で、爆縮型プルトニウム原爆を用いて、人類史上初の核実験が行われた。「トリニティ（三位一体）実験」と呼ばれたこのテストでは、爆縮装置が想定通りに機能することが確認されたが、溶接用の眼鏡を通して実験を観察した科学者たちは、原爆という新兵器が持つ空前の破壊力に大きな衝撃を受けた。

こうして、アメリカはウラン型の「リトル・ボーイ」とプルトニウム型の「ファット・マン（太った男）」の二個の原爆を手に入れた。先に放棄された「シン・マン＝痩せ男」はローズヴェルト大統領を指す隠語だったが、「ファット・マン＝太った男」という秘匿名も、イギリスのチャーチル首相を表す隠語だった。

これにより、グローヴスが自らに課した二つの目標のうち、一つ目の「戦争が終わる前に原爆を完成させること」は達成された。残る二つ目の目標である「その原爆を実戦で使用すること」も、すぐ実現可能な場所にまで迫っていた。

だが、前出の番組『原爆投下・10秒の衝撃』に協力した科学者の一人で、当時マンハッタン計画の一員だったロバート・クリスティによれば、原爆開発に没頭する科学者の関心事は、衝撃波の威力を最大限に高めて爆弾としての破壊効果を高めることで、熱線や放射線による人間の殺傷には、開発段階ではほとんど関心が寄せられていなかったという。

原爆投下が「本土上陸の犠牲者百万人を救った」という伝説

◉——原爆の投下目標設定と目標から外された京都

一九四一年にアメリカの原爆開発にゴーサインを出したのは、当時大統領だったローズヴェルトだったが、彼は第二次世界大戦の終結を見ないまま、一九四五年四月十二日に病気で死亡した。

それに伴い、三か月前に副大統領となったばかりのハリー・トルーマンが大統領へと昇格したが、原爆開発に関するローズヴェルトとグローヴスのやりとりに関しては完全に蚊帳の外に置かれていたため、四月二十五日にホワイトハウスでグローヴスとスティムソン陸軍長官から説明を受けるまで、原爆という兵器の存在すら知らなかった。

五月八日にドイツが連合国に降伏すると、ソ連の最高指導者スターリンとイギリスの首相チャーチルは、日本への降伏要求と戦後の国際秩序について話し合うための米英ソ首脳会談を早急に開くよう、米政府に要請した。しかし、国際外交の経験を持たず、老獪な二巨頭と対等に議論する自信がないトルーマンは、五月二十八日、ドイツのポツダムで開かれる首脳会談の開催時期を、プルトニウム型原爆の実験結果が判明する七月まで引き延ばすことを決定した。

その頃、ロスアラモス研究所では、グローヴスの指示に従い、マンハッタン計画に参加する科学者と兵器専門家で構成された「原爆投下目標選定委員会」が、完成した原爆の投下地点をどこにするかを検討する会議を重ねていた。

五月十日と十一日に開かれた会議において、彼らが格好の目標と見なしていたのは、空襲の被害をあまり受けていない京都で、この古都を壊滅させれば、日本人に与える精神的な衝撃はきわめて大きいものと考えられた。グローヴスも、最初の原爆を京都に投下するという考えに賛同した。だが、マンハッタン計画全体における決裁の権限を握る陸軍長官のスティムソンが強く反対したことから、京都は六月十四日に目標リストから除外され、代わりに長崎が七月二十四日にリストへ追加された。

スティムソンが京都への原爆投下に反対した理由については、彼が個人的に京都の文化を愛していたからだと説明されることもあるが、京都を壊滅させればアメリカ人に対する日本人の強い敵意と憎しみを呼び起こし、戦後の国際秩序で日本を「アメリカの側」に留めることが困難になる可能性が高いという、政治戦略的な判断も大きかった。

七月七日、トルーマンはポツダム会談への参加に向け、巡洋艦オーガスタで出発した。一〇日後の七月十七日、つまりアラモゴードでプルトニウム型原爆の実験が成功した七月十六日の翌日から、ポツダムでの米英ソ三巨頭会談が始まったが、トルーマンはグローヴスが作成した原爆実験の成功に関する詳細な報告書を七月二十一日に読み、これがあれば外交経験の乏しい自分でも、スターリンやチャーチルと互角に交渉できると確信した。

七月二十三日、ロスアラモス研究所のオッペンハイマー所長は、グローヴスの代理を務めるファーレル陸軍准将に、二つの原爆はどちらも設計通りの威力を発揮する見込みだと伝えた。これを受けて、グローヴスは、ポツダムにいるトルーマンに、日本に対する原爆投下の最終決定を求めた。

七月二十五日、グローヴスはポツダムのスティムソンから「命令案を承認する」との緊急返電を受け取ったが、そこには最高決裁者としてのトルーマン大統領の名前は入っていなかった。スティムソンによれば、トルーマンはこの時「標的は軍事目標と日本軍部隊であり、女性や子どもを避けて使用するよう」彼に命じたとされるが、そのような原爆投下のやり方が原理的に不可能であることは、誰の目にも明白だった。

同日、米陸軍参謀総長代理トーマス・ハンディー大将は即座に、太平洋戦域戦略空軍司令官カール・スパーツ大将に対し、八月三日以降、目視可能な天候となり次第、最初の原爆を、広島、小倉、新潟、長崎のいずれかに投下せよと指示する命令書を送付した。

七月二十六日、米英両国は中国（蔣介石の中華民国）と共に日本に対する無条件降伏の要求文書「ポツダム宣言」を公表したが、日本政府は七月二十八日に「重大な価値あるものと認めず」「断固戦争完遂に邁進する」と発表し、要求受諾を事実上拒絶した。

これにより、広島に対する原爆投下のカウントダウンが開始された。

八月二日、カーティス・ルメイ中将（第一章を参照）を司令官とする米第20航空軍の司令部は、一発目の原爆（ウラン型）投下を八月六日に実行すると決定し、第一目標は広島の中心部とされた。天候などの理由で、広島に投下できなかった場合に備えて、予備の第二目標は小倉、第三目標は長崎と設定された。

◉──「エノラ・ゲイ」と「ボックスカー」の航跡

広島と長崎に原爆を投下したB29は、共に「第509混成部隊」という、名称だけでは任務の内容がわからないようにされた飛行隊に所属していた。

この部隊は、原爆投下という重要な任務を遂行することを目標として、一九四四年十二月十七日に編成された爆撃機の飛行隊で、B29重爆撃機が一五機と輸送機のC54五機から成り、人員規模は将校二二五人、下士官一五四二人の計一七六七人だった。

ただし、指揮官のティベッツ大佐を除く部隊の隊員には、原爆投下という任務の内容は作戦決行日まで知らされず、それまではプルトニウム型原爆と形状も重さも同じにした通常爆弾「パンプキン」を日本に投下して、投下手順の習熟や落下する爆弾の軌跡調査などを繰り返し行った。

八月六日の午前一時四五分（日本時間）、ティベッツを機長とする原爆搭載型のB29爆撃機「エノラ・ゲイ」は、マリアナ諸島のサイパン島の南に隣接するテニアン島の飛行場を発進し、気象観測機「ストレート・フラッシュ」と科学観測機「グレート・アーティスト」、写真撮影機

「ネセサリー・イーブル（必要悪）」を含めた計四機の編隊を組んで、二五二〇キロ離れた投下目標の広島を目指した。

午前六時三〇分、爆弾倉に格納された「リトル・ボーイ」の起爆装置にプラグが装塡され、ティベッツは初めて乗務員に「我々が運んでいるのは世界初の原子爆弾だ」と機内放送で明かしたが、それが何を意味するのか、正しく理解している者はいなかった。

離陸から六時間三〇分が経過した午前八時一五分、「エノラ・ゲイ」はT字型の相生橋に照準を合わせて、ウラン型原子爆弾「リトル・ボーイ」を投下した。

写真撮影機の「ネセサリー・イーブル」は、原爆が炸裂する瞬間を正面から映像に収めたが、テニアン島の基地に戻ったあと、フィルムの現像に失敗し、貴重な映像記録は失われたという。そして、科学観測機「グレート・アーティスト」の乗員が八ミリカメラで撮影した、炸裂から約三分後のキノコ雲の映像だけが記録に残された。

広島への原爆投下の第一報をトルーマンが受けたのは、ポツダムからアメリカへ戻る巡洋艦オーガスタの艦上だった。彼は、原爆が想定通りに炸裂したことを喜び、水兵たちに「これは歴史上最も偉大な出来事だ」と述べた。ホワイトハウスは、その日のうちに、次のようなトルーマン大統領の声明を発表した。

「今から一六時間前、アメリカの航空機は、日本の重要軍事施設である広島に爆弾一発を投下した。この爆弾は、TNT高性能爆薬二万トンに相当する威力を持つ。（略）

日本軍は開戦に当たり、パール・ハーバー（真珠湾）を空襲したが、今や何十倍もの報復を受けたのである。しかも、まだ戦争が終わったわけではない。

これは原子爆弾である。原爆は宇宙の根源的な力を応用したものである。極東の戦争責任者たる日本に対して、太陽の原動力ともなっている力が放出されたのである。

七月二十六日、ポツダムで最後通告が発せられたのは、日本国民を破滅から救わんがためであった。日本側首脳はこれをただちに拒否した。この期に及んでもなお、わが方の要求を拒絶するならば、有史以来最大の破壊力を持つ爆弾の雨が、引き続き彼らの頭上に降り注ぐことになろう」

◎——二個目の原爆投下目標とされていた小倉

現地時間で八月六日の午後三時頃から、「エノラ・ゲイ」と他のB29は順番にテニアン飛行場に帰還した。すぐに作戦の成功を祝う祝賀会が催されたが、「グレート・アーティスト」の機長チャールズ・スウィーニー少佐はその夜、ティベッツに呼び出され、二発目の原爆投下作戦で搭載機の機長を務めるよう命じられた。

投下の第一目標は福岡県の小倉、第二目標は長崎とされ、スウィーニーの愛機「グレート・アーティスト」に積まれた各種の測定機器を降ろす手間を省くため、フレデリック・ボック少佐と機体を交換した上で、彼の「ボックスカー」を原爆投下機として使うよう指示された。実行の日程は、当初の予定では八月十一日とされていたが、九州の天候悪化が予想されたため、二日前倒しされて八月九日に変更された。

八月九日の午前九時四四分、プルトニウム型原爆「ファット・マン」を搭載した「ボックスカー」は、第一目標の小倉上空に到達したが、周辺一帯は白い霞または煙で覆われており、投下目標地点を目視することができなかった。同機は、旋回して爆撃手順を三度繰り返したが、いずれも投下目標の目視に失敗し、これ以上の燃料消費はできないとの判断から第二目標の長崎へと針路を向けた。

午前十一時頃、「ボックスカー」は長崎上空に姿を現したが、ここでも視界は雲に覆われ、爆弾投下目標と定められていた常磐橋（観光名所となっている眼鏡橋から一五〇メートル西側に架かる橋で、長崎市街の中心部にあり、長崎駅からは一キロ、大浦天主堂とグラバー亭から一・六キロ、三菱長崎造船所から二・五キロの距離）を確認できなかった。燃料ポンプの故障から、すでに残存燃料は限界に達しており、再度の爆撃手順は行えず、二発目の原爆投下という任務は失敗に終わったかに見えた。

だがその直後、長崎上空を覆う雲にわずかな切れ目が生じ、地上を目視で確認できる状況が生じた。スウィーニー少佐は、原爆の投下を爆撃手に命じたが、実際に爆心地となった場所は、本来の投下目標である常磐橋から三・三五キロも離れていた。広島の場合と同様、原爆投下と同時に、圧力計や気温計、それらのデータの送信装置などを封入した筒状の測定器（ラジオゾンデ）三個が、パラシュートを付けて科学観測機から投下された。

長崎に原爆を投下して大勢の市民を殺害し、凄まじいキノコ雲を発生させたあと、残存燃料が危機的状態となった「ボックスカー」は、テニアンまで自力で飛行することができず、米軍占領下にある沖縄の読谷飛行場に緊急着陸した。そこで燃料補給と整備を行い、同日午後五時頃に沖縄を出発し、午後十一時頃にようやくテニアン飛行場へと帰還した。

長崎市の北部が阿鼻叫喚の地獄となっていた頃、満洲ではソ連軍が参戦して日本の関東軍に襲いかかっていた。前日まで中立を守っていたソ連が、日本と米英連合国との和平を仲介してくれるのではないかという、現実味の薄い希望にすがっていた日本政府は、もはや戦争継続は不可能になったと判断し、八月十四日にポツダム宣言の受諾を決定した。

一方、トルーマンは長崎に原爆が投下される前日の八月八日、広島に投下された原爆に関する報告書を受け取った。そこには、控え目な試算として「一〇万人が命を失った」と記され、破壊された広島の写真も貼付されていた。この報告書を読んだトルーマンは、大きなショックを受け、長崎に原爆が投下された翌日の八月十日に召集した閣議で「今後は自分の明確な承認なしに、新たな原爆を投下してはならない」との命令を下した。

それは、トルーマンが原爆の使用・不使用に関し初めて発した「明確な命令」だった。

◉――「原爆は本土上陸作戦の犠牲者百万人を救った」という説明の信憑性

以上のように、広島と長崎への原爆投下は、ソ連の対日参戦と共に、日本に降伏を決断させる上で決定的な役割を果たしたという認識が、現在では一般的である。

しかし、この認識が大筋では正しいとしても、広島と長崎への原爆投下が無ければ、日本は降伏せず、米軍の本土上陸で莫大な人的損失が避けられなかったかのような「論理の飛躍」には注意を要する。

日本の敗戦翌年の一九四六年七月、ヨーロッパ戦域と太平洋戦域での戦略爆撃の効果や影響を調査する米軍の組織「合衆国戦略爆撃調査団（USSBS）」は次のような結論を含む報告書を作成した。

「あらゆる事柄についての詳細な調査に基づき、そして関係の日本人指導者の証言により、当調査団の見解は次の通りである。すなわち、たとえ原爆が投下されなかったとしても、たとえロシア（ソ連）が参戦しなかったとしても、そして本土上陸が計画、検討されなかったとしても、日本は確実に一九四五年十二月三十一日以前に、そして恐らくは十一月一日以前に降伏していたであろう」

米陸海軍の将官の中にも、第20航空軍司令官のルメイとその上官のスパーツをはじめ、日本は原爆とソ連参戦がなくても降伏したと予想する者は少なからず存在していた。

米軍の上層部は、日本が引き続き降伏しない場合を想定して、原爆使用とは切り離した形で九州への上陸作戦の準備を進めていたが、六月十八日にホワイトハウスで開かれた戦略会議において、統合参謀本部はトルーマンに、米軍が九州に侵攻作戦を行う場合の損害予想について報告した。

その内容は、上陸作戦開始からの一か月で予想される自軍の死傷者数は、ルソン島の戦いでの損害、すなわち三万一〇〇〇人を超えることはないだろうというものだった。

本章の冒頭でも触れた通り、アメリカでは広島と長崎への原爆投下を正当化する文脈で「それによって本土上陸作戦の犠牲者百万人が救われた」という説明がなされることが多い。だが、原爆投下前にトルーマンが「百万人」あるいは「五〇万人」の死傷者が出ると軍上層部から報告されたことを示す記録は、現在まで発見されていない。

では、一般に広く信じられている「百万人」という数字はどこから出てきたのか?

その出所は、終戦から二年後の一九四七年に『ハーパーズ・マガジン』という雑誌に掲載された、スティムソン元陸軍長官の寄稿だった。彼は、原爆の投下は日本の本土上陸を回避するために裁可されたものだと述べ、仮に本土上陸を実行していたなら、米軍だけでも「百万人」の死傷者が出ていたかもしれない、という予想を書き記していた。

この数字を裏付ける根拠は何も提示されていなかったが、スティムソンの「解釈」は、当のトルーマンにとっても好都合な内容であり、トルーマンもこれ以降「百万人」や「五〇万人」という数字を、原爆投下の正当性を語る際に引用することとなった。

つまり「原爆の投下は本土上陸作戦の犠牲者百万人を救った」という説明は、スティムソンとトルーマンが自らの決定を擁護するために、戦争終結から二年が経過した後に語り始めた、いまだ根拠の明確でない「解釈」だったのである。

◉――却下された「日本に対する事前警告」案

また、一九四五年七月のポツダム宣言の署名国にソ連を含めることに、トルーマンの側近であるバーンズ国務長官が強く反対したことについて、原爆投下まで日本を降伏させないためにアメリカ政府が行った謀略だとする見方も存在している。

だが、ソ連と日本の間にはいまだ一九四一年四月に締結された「日ソ不可侵条約」が有効であり、日本との交戦国ではないソ連政府は、ポツダム宣言に名を連ねる資格を有してはいなかった。ソ連は、対ドイツ戦においては米英両国との間で完全な「軍事同盟」の関係にあったとはいえ、対日戦ではそのような段階に至っていなかったのである。

バーンズ国務長官が反対した理由については、もしアメリカがソ連をポツダム宣言の署名国に加えたなら、戦後の勢力圏画定や日本への部隊進駐などにおいて、ソ連側の要求を一定の範囲で受け入れざるを得なくなる可能性が高かったからだと言われている。いずれにせよ、ポツダム宣言にソ連が署名しなかったことについて、原爆の投下と結びつける論拠は、現時点ではさほど説得力のあるものではない。

本章で述べた実際の経過を見れば、広島と長崎への原爆の投下は、それを行うべきか否かという本質的な議論を超越した形で、あたかも既定路線のように準備され、実行されたことがわかる。トルーマン大統領は、原爆の投下がアメリカの軍事的および外交的立場にどのような変化をもたらすかについて、詳細な研究を行うことを部下に事前に指示しなかった。

原爆が完成すれば、速やかにそれを使用することは事実上「決定事項」となっており、あとは「日本に事前に警告するかしないか」「落とす都市をどこにするか」など、投下を前提とした議論のみが行われていたのである。

シラードや、ユダヤ系ドイツ人の亡命科学者ジェームズ・フランクら、原爆開発に従事した科学者の一部は、事前に予告した上で原爆を海上などで炸裂させて威力を見せつけ、日本政府に降伏を促すべきだと主張し、六月十一日に同趣旨の報告書を作成した。だが、オッペンハイマーは「単に爆発の威力を見せるだけの実演では、日本政府を降伏に追い込む効果は期待できない」と反論し、グローヴスもこれらの科学者が連名で作成した報告書や大統領宛の書簡をすべて握りつぶした。

彼らは、ゲルニカ爆撃時のリヒトホーフェン同様、原爆の凄まじい破壊力で死ぬ女性や子どもに対し、ほとんど関心を示さなかったのである。

先に触れたように、トルーマンにとっての原爆は、まず第一に「スターリンやチャーチルと外交交渉で互角に渡り合うための強力な武器」であり、その効果に関しては、従来型の通常爆弾の延長線上にある、より破壊力の大きな爆弾という認識しか持ち合わせていなかった。彼が、原爆と従来型爆弾の間に存在する重要な「質的な違い」を認識するのは、広島に一発目が投下されたあと、長崎に二発目が投下される直前のことだった。

トルーマンは結局、原爆の投下を主体的に選択したというよりも、「使用準備が整ったので使用します」というグローヴスの申し出に、ただ大統領として間接的に許可を出しただけだった。七月二十五日の「原爆使用へのゴーサイン」を出したのが、トルーマンではなくスティムソン陸軍長官であった事実は、原爆投下という重要事項に大統領の明確な決裁が必要だという認識を、彼がまだ有していなかった可能性を示唆している。

こうした事実の経過を見れば、「トルーマンは、なぜ原爆の投下を決断したのか」という単純化された問いは、さほど大きな意味を持たないことがわかる。

なぜなら、広島と長崎への原爆投下という重要な意志決定において、トルーマン大統領は実質的には「脇役」に過ぎなかったからである。

そこでの主役は、原子爆弾の実戦使用を「自らの使命」だと考えていたグローヴスと、原爆の出現以前から対日戦で焼夷弾による無差別爆撃を続けてきた軍人たちだった。

そして、厖大な人員と巨額のコストを費やした原爆研究開発の国家的プロジェクト(マンハッタン計画)という既成事実の重みと、戦後の新たな国際秩序でのソ連に対する軍事的優位の確保という軍人の「合理性」が、本来ならあり得たはずの「原爆を実戦で使用しない」という選択肢を消し去る効果を生みだしていたのである。

ルポ

広島・長崎

日本

人類史においてただ二つの核兵器実戦使用の標的となった広島と長崎には、原子爆弾という大量破壊兵器が都市をどのようにして破壊し、そこに住む市民にどれほど凄惨な被害をもたらしたかを知るために、世界中から多くの訪問客が絶え間なく足を運んでいる。

広島の旧「産業奨励館」、現在の「原爆ドーム」は、ＪＲ広島駅前から広島電鉄の路面電車に約一五分乗車し、「原爆ドーム前」の停留所で降りてすぐの場所にある。原爆の衝撃波による破壊を免れた建物の残り部分も、老朽化で崩落の危険があるために各所を鉄骨で補強されており、建物内部とその周囲は安全のため立ち入り禁止となっている。

そこから元安川を挟んで対岸にある「平和記念公園」は、原爆投下前は木造家屋が密集する市街地だったが、現在は原爆被害の実相を当時の遺物や模型を用いて解説する「広島平和記念資料館」や、原爆被害に関連する記念像、慰霊碑、供養塔がいくつも配置された公園として整備されている。「広島平和記念資料館」の館内には、広島に投下された原爆「リトルボーイ」の実物大模型や、当時の広島市街を再現した模型の上に原爆の「火球」を表す赤い球が吊された展示もあり、原爆炸裂の瞬間に熱線、衝撃波、爆風がどのようにして市内に波及したのかを、見学者がイメージできるようになっている。

長崎の場合も、JR長崎駅前から長崎電軌の路面電車に約一三分乗り「平和公園前」駅で降車すると、原爆の爆心地に作られた「爆心地公園」と、有名な「平和祈念像」が設置されている「平和公園」がすぐそばにある。鐘楼が原爆で破壊された旧「浦上天主堂」、現在の「浦上教会」は、この駅から六〇〇メートルほど東に建っている。

◉広島で保存されている原爆ドーム

教会から約四〇〇メートル南に歩くと、長崎大学医学部、旧「長崎医科大学」の正門に着く。敷地内には、原爆投下時の学長だった角尾晋教授の胸像や、原爆の医学的影響を解説する小さな展示室、原爆の犠牲となった医大職員と学生の慰霊碑などがある。

同大学の門から西に直線距離で約二〇〇メートルの場所にあるのが、「長崎原爆死没者追悼平和祈念館」で、隣接する「長崎原爆資料館」と共に、原爆被害

◉長崎に投下された「ファットマン」の実物大模型

のすさまじさを後世に伝える施設として運営されている。「長崎原爆資料館」には、山で周囲を囲まれた爆心地周辺の立体模型にアニメーションを投影して原爆炸裂の様子を説明する展示や、長崎に投下された原爆「ファットマン」の実物大模型、原爆と共に投下された「ラジオゾンデ」の実物などがあり、被爆した市民の痛々しい姿を捉えた記録映画も上映されている。

　このほか、「平和公園」から北に徒歩四分ほどの場所には、被爆者の救護に当たった永井隆助教授を顕彰する記念館がある。これらを見学すれば、核兵器が人間の尊厳を一瞬で焼き尽くす、桁違いに非人道的な戦争の道具であることを改めて認識できるだろう。

最終章

戦後の反省

――ドイツと日本は、市民大量殺害とどう向き合ったか

⊙──戦争中の出来事に対する日本とドイツの「反省」の違い

本書では、ここまでの七章のうち、三つの章はドイツ軍およびナチス親衛隊（ＳＳ）、三つの章は日本軍による市民大量殺害の事例について述べてきた。

日本とドイツは共に、第二次世界大戦では敗戦国となり、ドイツは東西に分断されて、戦後の国際社会を支配した「冷戦」の最前線となった。東アジアでは、朝鮮半島が同様の分断国家となったが、日本はその背後に位置していたため、国家の分断は免れた。

冷戦の終結後、一九九〇年十月三日に西ドイツが東ドイツを吸収する形でドイツ統一が実現し、ドイツは統一国家としての新たな時代を歩みだした。

敗戦で第二次世界大戦期の政治体制（大日本帝国とナチス・ドイツ）を放棄した日本とドイツは、国際社会への復帰に伴い、自国が戦争中に行った非人道的行為についての反省を、さまざまな形で表明してきた。だが、具体的に何をどう反省し、同じような非人道的行為の発生を回避するためにどんな方策を講じているかを比較すれば、日本とドイツの間には大きな違いが存在していることがわかる。

例えば、ドイツの首都ベルリンの中心部には「殺害されたヨーロッパのユダヤ人の記念碑（通称ホロコースト記念碑）」や、かつてゲシュタポやＳＳの本部が置かれていた敷地を完全に更地にして建てられた、ナチス時代を批判的に検証する博物館（「テロのトポグラフィー」）など、ヒトラーとナチ党が権力を獲得した一九三三年から一九四五年までの時代を批判的・反省的に記憶に留めようとする施設がいくつもある。

ベルリンの郊外には、ドイツの行政機構がユダヤ人大量殺害の方針を確認した「ヴァンゼー会議」の舞台となった邸宅が、その歴史を批判的に説明する博物館として公開され、ベルリン北部のザクセンハウゼン強制収容所や、ミュンヘン郊外にあるダッハウ強制収容所などの国内の強制収容所の跡地も、そこでどんな非人道的行為が行われたかを写真入りで詳しく説明する記念館となり、内外の多くの学生たちも見学に訪れている。

ミュンヘン中心部のオデオン広場に面し、ナチス時代には殉国の軍人を祀る聖地となっていた「フェルトヘルンハレ（将軍廟）」は、一九世紀に建てられた本来の構造物だけが残り、ナチス時代の戦争や軍人を肯定・賛美する追加の構造物はすべて取り除かれて、当時の政治思想は現代のドイツ社会における価値観から完全に切り離されている。

かつてヒトラーが重要な決定をいくつも下した、バイエルン南東部のベルヒテスガーデンに近い山荘は、土台部分のコンクリートを残して解体・撤去され、近くにはやはりナチス時代の非人道的行為を批判的・反省的に解説する博物館が建てられている。

つまり、現在のドイツは国を挙げて、第二次世界大戦期を含むナチス時代に自国が行った非人道的行為と正面から向き合い、なぜそのような蛮行が行われたのかという原因の探求を行い、二度とあのような事態を繰り返さないという決意を共有しているのである。

日本の一部には、戦後ドイツが紆余曲折を経ながら段階的に行ってきた、ナチス時代の思想や価値観との絶縁という努力を皮相的に捉えて、「彼らは罪を全てナチスに押し付けている」などと評する言説もあるが、実際に現地を見てまわれば理解できるように、現在のドイツ政府も国民も、決して「悪いのはナチス一味であって、ドイツ国民は無罪だ」というような責任逃れの態度はとっていない。

自分たちの両親や祖父母が生きた時代を単純に断罪するのではなく、国全体がいかにして針路を誤ったかの検証を、国民自身が当事者として考え、将来に対する責任という観点から、非人道的行為の再発防止に向けた試行錯誤を重ねているのである。

それに対し、日本の東京を見渡しても、第二次世界大戦期に日本軍が行った非人道的行為と正面から向き合い、なぜそのような蛮行が行われたのかという原因の探求や、将来に対する責任という観点からの批判的展示を行っている歴史博物館は見当たらない。

それどころか、戦争中は当時の国民教育の中心だった「教育勅語」とリンクする形で国民を戦争へと扇動し、戦後も当時の価値観を継承する宗教施設、つまり靖国神社が、日本軍の非人道的行為を批判的・反省的に捉える内容を一切排除した戦争博物館（遊就館）を敷地内に擁する形で、東京の中心部に今も存在し続けている。

その博物館では、大日本帝国時代の戦争や軍人を実質的に肯定・賛美する思想的な継承が、公然と行われている。南京やシンガポールでの日本軍人による市民殺害や、沖縄での日本軍人による自国市民の殺害など、大日本帝国時代の価値観の継承に不都合な事実は無視され、これらの出来事についての批判的・反省的な説明は館内に見当たらない。

言い換えれば、二度とあのような事態を繰り返さないという決意を、日本の政府と国民がドイツほどのレベルで共有しているとは言いがたい状況にある。自国の軍が行った非人道的行為と正面から向き合う姿勢において、日本とドイツの間には、同じ敗戦国であるにもかかわらず、きわめて大きな違いが存在し、その差はますます開きつつある。

そうした違いは、現在のドイツと日本の軍（あるいはそれに準じる組織＝自衛隊）における「命令」、つまり軍やそれに準じる組織内での上位者から下位者への「特定行動の強要」に対する認識の違いにも明確に表れている。

日本では今も、上位者の命令には絶対服従という、権威主義的な図式が社会のあらゆる分野に存在している。とりわけ自衛隊では、その図式は絶対的な権威として機能する。

だが、現在のドイツ連邦軍では、「上官の命令」という、非人道的行為の直接的な原因となりうる「特定行動の強要」を絶対視せず、そこに「安全装置」を追加している。

つまり、ドイツ連邦軍では市民の大量殺害のような「非人道的な命令」には下位者が従わないという権利や義務が、特定の条件下においては認められているのである。

ドイツ連邦軍における「抗命権」とは

◉――特定の行動に関する道義的判断を停止させる「上位者の命令」

第三章で触れた通り、第二次世界大戦中のユダヤ人大量殺害で重要な役割を担ったアドルフ・アイヒマンも、アウシュヴィッツ強制収容所長としてホロコーストの実行を指揮したルドルフ・ヘースも、戦後の裁判では「自分はただ命令に従っただけ」「命令を拒絶できなかった」「それゆえ自分には責任がない」と説明し、自らの行動を正当化した。

そして、ヘースが引き合いに出した通り、連合国がドイツや日本に対して行った無差別爆撃や原爆投下に関しても、同じく「命令だから」という免責の主張が繰り返された。

軍隊のような官僚機構において、命令系統は人間の身体に張り巡らされた神経と同様、組織の運用上きわめて重要な意味を持つ。上位者が発した命令を、下の者が忠実に遂行することで、組織は最大限の能力を発揮する。つまり、命令とは絶対的に服従しなくてはならない「権威」であり、その権威の力が巨大な組織を上位者の意のままに動かす。

一般的には、上位者の下す命令に忠実に従う下位者の割合が大きい組織が「強い組織」だと見なされる。第二次世界大戦中の日本軍とドイツ軍は、そんな下位者の割合が連合国の軍隊よ

り も大きな組織であり、数で劣る日本軍やドイツ軍の部隊が、より大兵力のイギリス軍やソ連軍、アメリカ軍との戦いで勝利する事例もしばしば起きていた。

しかし、それは同時に、命令を受ける側の人間の思考から、行動に伴う「責任」という観点を失わせるというマイナスの一面も持つ。

強靭な権威主義が支配する組織では、命令が絶対的な効力を発揮するのと共に、命令に従う者の行動を無制限に免責する。絶対的権威としての命令に従う形式をとる限り、南京虐殺やホロコーストのような非人道的行為に関する道義的判断は免除される。

これにより、被害者の人権や人命など一切尊重しなくても許されるという免罪符が、上位者の命令を忠実に実行する者に付与されるのである。

その結果、家に帰れば妻や子どもに優しい父親が、職務では上位者の命令に従って、小さな子どもとその母親を冷酷に殺害するような行動をとれるようになる。命令だから仕方がない、あるいは命令に忠実に従うことが自分の任務だという組織内の論理で、自らの行動が示す矛盾から目を逸らし、行動に伴う責任を免れたかのように認識する。

そして、命令という権威によって行動が無制限に免責される状況下では、それぞれの人間が内面に持つ攻撃性や暴力性が露わになる。相対的に弱い立場にいる者に対する暴力や蛮行も、自分が受けた命令と関連づければ、その命令を発した上位者や、命令を共有する集団全体へと責任を転嫁できる。

上位者の命令という絶対的権威は、それ自体が特定の行動に関する道義的判断を停止させる力を持つ。命令の遂行は、問答無用の形で、あるいは思考停止の状態下で、それを下した上位者が持つ評価基準にのみ従って行われる。命令を下す上位者の評価基準に、人権や人道の尊重という観点が含まれていなければ、その命令に従う人間も、それらの観点を一顧だにしない形で、冷徹に行動する。

つまり、上位者の命令という絶対的権威は、人間の理性や倫理の思考回路を麻痺させ、個々の人間が心の奥底に持つ野蛮さを日の当たる場所に引き出す力を持っているのである。

◉――ドイツの軍人法で定められた「命令に従わない権利」

しかし現代のドイツ連邦軍(ブンデスヴェーア)は、第二次世界大戦期における国防軍(ヴェーアマハト)や親衛隊(シュッツシュタッフェル=SS)の「命令への絶対服従」がもたらした負の歴史への反省に基づき、上位者の命令を絶対的権威とは見なさない、つまり「無条件の絶対服従」を下位者に要求しない制度を用意している。

それが、ドイツの「軍人法」で認められた「抗命権」である。

一九五六年四月一日に制定された軍人法の第十一条一項では、ドイツ連邦軍の各軍人は「全力をもって完全に、忠実かつ遅滞なく上官の命令を実施しなければならない」と規定しているが、それを実施することが「自身および第三者の人間の尊厳を侵害する命令」や「国内法および国際刑法により犯罪となる命令」、そして「（ドイツ連邦軍としての）職務上の目的のために下されたものではない命令」である場合は、上位者の命令に「従わない」態度を選んでも、不服従の罪には問われないと明記されている。

逆に、一九五七年三月三十日に制定された「軍刑法」の第五条では、「軍人が命令に服従したことによって違法行為を犯した場合」や「違法行為であることを本人が理解した上でそのような命令に服従した場合」、当該の軍人は有罪になると定められている。

軍人法第十一条二項にも、「命令は、それによって犯罪が行われるであろう場合には、服従してはならない」との条文が記されている。

もし、こうした規定が第二次世界大戦期のドイツ国防軍や親衛隊にも存在したなら、本書で取り上げた軍による市民殺害のいくつかは、避けられたか、あるいは規模が縮小していた可能性がある。しかし、ナチス時代のドイツでは、最高指導者のアドルフ・ヒトラーに対する「絶対的な無条件の忠誠」を、軍人もSS隊員も宣誓していた。

厳密に言えば、第二次世界大戦期のドイツ国防軍や親衛隊の高官が、ヒトラーの命令を無視して独断で指揮下の部隊を撤退させる事例はいくつも起きていた。一九四三年二月から三月の第三次ハリコフ戦でのSS装甲軍団長パウル・ハウサーSS大将、一九四五年四月のベルリン防衛戦におけるヴァイクセル軍集団司令官ゴットハルト・ハインリーチ上級大将と第3装甲軍司令官ハッソ・フォン・マントイフェル装甲兵大将などがそれである。

しかし、ユダヤ人をはじめ、市民の大量殺害という上位者の命令に「抗命」して不服従の態度をとる人間は、ほとんど存在しなかった。右に列挙したドイツ軍の将軍の多くは、自分の部下、つまりドイツ軍人の命を守るために「抗命」したのであり、軍による市民の殺害という行為における非人道性を理由にした「抗命」の事例は、きわめて少数だった。

ルター派の牧師の息子として生まれ、敬虔なクリスチャンの倫理観を内面に持つハインリーチ将軍は、第4軍司令官として東部戦線でソ連軍との戦いを指揮していた頃にも、ロシアの古都スモレンスクを破壊して「焦土にせよ」とのヒトラーの命令に不服従の態度を示したため、「病気療養」という名目で二か月間にわたり司令官の職務から遠ざけられる経験をしていた。

彼はナチ党への勧誘を一貫して拒絶し、ヒトラーではなく「神」に対する忠誠心をドイツの敗戦まで胸に抱き続けた、稀有な軍司令官だった。

しかし、そんな確固たる内面の倫理観や、個人としての善悪の価値判断基準を備えた軍人は、当時のドイツ軍では例外的な存在だった。大部分の軍人やSS隊員は、ヒトラーという絶対的権威や、その周囲の代理人が発する命令に対して抵抗せず、忠実にそれを遂行する道を選んでいたのである。

◎――ドイツ連邦軍の軍人が「抗命権」を行使した実例

先に触れたドイツ軍人法第十一条の「抗命権」については、実際に裁判でその権利が認められた事例が存在する。

二〇〇三年四月、ドイツ連邦軍のＩＴ関連部署に所属していたフロリアン・プファッフ少佐は、あるソフトウエアの開発を命じられた際、自分が違法な戦争（国連決議等に基づかない国際法違反の武力行使）と理解する米軍主体のイラク戦争への間接的支援になるとの理由で、命令への服従を拒絶した。

これに対し、ドイツ連邦軍はプファッフ少佐の命令違反を北部部隊服務裁判所で審理、同裁判所は二〇〇四年二月九日に「職務違反行為」で有罪と見なし、階級を大尉へと一段階降格する判決を下した。

しかし、プファッフはこれを不服とし、二〇〇四年三月十五日に連邦行政裁判所へ上訴。ライプツィヒの連邦行政裁判所第二軍務法廷は、二〇〇五年六月二十一日にプファッフの主張を認めて「職務違反行為」を理由とする降格処分を取り消し、命令への服従を拒絶した彼の行いを合法的行為と認定した。

検察官はこの判決を受け入れ、プファッフ少佐の行動は、ドイツ軍人法第十一条の「抗命権」が決して「絵に描いた餅」ではないことを、内外に知らしめる結果となった。

連邦行政裁判所第二軍務法廷での判決は、基本法と軍人法の条文に基づき、以下の七項目のいずれかに該当する場合は、命令に服従しなくても罪に問われないと認定した。

1. その実施が自身および第三者の人間の尊厳を侵害する命令
2. ドイツ連邦軍の職務上の目的のために下されたものではない命令
3. その実施が国内法および国際刑法により犯罪となる命令
4. 客観的に遂行不可能な命令や、内容に矛盾のある命令、状況の根本的変更により無意味となった命令
5. 諸国民の平和的共存を阻害し、侵略戦争を準備することに加担する命令
6. その実施が、国際法上の武力禁止や国際人道法の原則などの国際法の一般規則に違反する命令
7. 一定の条件のもとに、上官が部下の良心の自由を侵害するような命令

ドイツ連邦軍は、第二次世界大戦期のドイツ国防軍の精神文化をそのまま継承する組織とは位置づけられていない。むしろ、ドイツが国家として行う非人道的行為を止める目的で、最高指揮官であるヒトラーの暗殺を企てたクラウス・フォン・シュタウフェンベルク少佐やヘニング・フォン・トレスコウ大佐など、形式的には「良心に基づく反逆行為」を行った戦争中のドイツ軍人の態度を、ひとつの規範として顕彰している。

言い換えれば、現在のドイツ連邦軍は、過去の反省に基づき、上位者の命令には絶対服従という盲目的な「命令至上主義」からの脱却を図っているのである。

いかなる命令であっても拒絶を許さない自衛隊

⦿――日本とドイツの「過去の問題への取り組み」の違いを認める日本政府

こうしたドイツの取り組みと比較して、日本の政府や自衛隊は、第二次世界大戦期に日本軍が行った非人道的行為の「再発防止策」を、何かとっているのだろうか。

外務省公式サイトの「アジア　歴史問題Q&A」というページには、第二次世界大戦とその中で発生した出来事についての日本政府の歴史認識を、質問への回答という形式で述べた項目が列挙されている。

その中で、問8の「ドイツに比べて、日本は過去の問題への取り組みが不十分なのではないですか」との質問には、以下のような説明が回答として記されている。

「1　日独両国ともに、『過去の問題』に対して誠実に対応してきています」

「2　一方で、ドイツと日本では、先の大戦中に何が起きたのか、そして戦後どういう状況下で戦後処理に取り組んだのかといった歴史的経緯が全く異なります。例えば、日本は、当時の国際社会によって一般的に受け入れられていた方式に則り、サンフランシスコ平和条約等に従って国家間で賠償等の問題を一括処理しましたが、ドイツは戦後、東西に分断されていたことから、我が国のように国家間で賠償等の問題を一括処理することが出来なかったことなどにより、結果的にナチスの犯罪の犠牲者への個人補償という形をとったものと承知しています」

「3　このように、日本とドイツは、それぞれ異なる方式により戦後処理を行っており、両国の取組みを単純に比較して評価することは適当ではありません」

しかし実際には、この章の冒頭で指摘したように、日独両国が「ともに」同じような誠実さで「『過去の問題』に対して誠実に対応してき」たとは言いがたい。外務省のサイトにある日本政府の説明は、単に「戦後賠償」という形式的な「過去の問題への取り組み」にしか触れておらず、なぜ日本軍が戦争中に市民殺害などの非人道的行為を行ったのかという「原因の探求と反省」の努力を、政府として事実上何もしていないことから国民の目を逸らしている。

実際、回答の最後にある「両国の取組みを単純に比較して評価することは適当ではありません」という文言は、日本とドイツの「過去の問題への取り組み」に根本的な違いが存在することを、日本政府が居直りのような形で認めているとも解釈できる。

そして、ドイツの「軍人法」に近い位置づけの「自衛隊法」（一九五四年制定）には、第二次世界大戦期の反省に基づいた「抗命権」に類する条文は、まったく存在しない。

あるのはただ、同法第四節（服務規程）に記された、次のような文言である。

「第五十七条　隊員は、その職務の遂行に当つては、上官の職務上の命令に忠実に従わなければならない」

これに続く第五十八条には「隊員は、常に品位を重んじ、いやしくも隊員としての信用を傷つけ、又は自衛隊の威信を損するような行為をしてはならない」とあるが、先に挙げたドイツの「抗命権」の条件と比較すれば、あまりに漠然としていて具体性がない。

また、第五十八条に反するような命令を上官から下された時、「自衛隊の威信を損するような行為をしてはならない」ゆえに「服従しなくても許される」のか、それとも第五十七条が示すように「上官の職務上の命令には常に忠実に従わなければならない」のかという優先順位も判然としない。

◉——「安保法制」で現実化した「海外派兵」の可能性

自衛隊が「専守防衛」の原則（個別的自衛権の範疇）を厳守し、集団的自衛権のような他国での戦争への関与が「憲法違反である」と日本政府が判断していた時代には、自衛隊員が他国で市民を殺傷するという可能性を想定する必要がなかった。

しかし、二〇一二年十二月に発足した第二次安倍政権は、二〇一四年七月一日に「集団的自衛権の行使容認」を閣議決定し、戦後の歴代内閣が憲法違反として認めてこなかった「他国で行われる戦争への参加」に道を開いた。そして、翌二〇一五年五月十九日から、この重要な方針転換に伴う安全保障関連の法改正や法整備が、国会で議論された。

いわゆる安保法制の審議が行われていた二〇一五年七月九日、無所属クラブの水野賢一参議院議員は、五項目から成る質問主意書を提出したが、その五番目の項目は、次のような内容だった。

「五　政府が第百八十九回国会に提出している我が国及び国際社会の平和及び安全の確保に資するための自衛隊法等の一部を改正する法律案には、自衛隊法への国外犯処罰規定の新設が盛り込まれているが、過失犯は処罰の対象ではないと認識している。自衛隊員が国外で重大な過失によって日本人であれ外国人であれ殺傷した場合、その犯人は刑事上の責任を問われなくても構わないと考えているのか、政府の認識を明らかにされたい」

これに対し、安倍晋三首相は七月十七日付で以下のような答弁書を作成した。

「現行法上、重大な過失により人を死傷させる行為を対象とする罪については、国外犯処罰規定が設けられていない。現在、国会に提出している我が国及び国際社会の平和及び安全の確保に資するための自衛隊法等の一部を改正する法律案においても、このような罪について、自衛隊員のみを対象として国外犯処罰規定を設けることとはしていないものである」

この答弁内容を第二次世界大戦中の事例に当てはめれば、日本軍が南京やシンガポールで行ったような行動を自衛隊が行ったとしても、それが「重大な過失」だという解釈がなされれば、刑事責任は問われないことになる。

また、八月二十七日には民主党の藤末健三参議院議員も四項目の質問主意書を提出したが、その冒頭には次のような文言が記されていた。

「我が国及び国際社会の平和及び安全の確保に資するための自衛隊法等の一部を改正する法律案による改正後の自衛隊法（以下「改正法」という。）第百二十二条の二は、上官の職務上の命令に対する多数共同しての反抗及び部隊の不法指揮（三年以下の懲役又は禁錮）並びに防衛出動命令を受けた者による上官命令反抗・不服従等（七年以下の懲役又は禁錮）について、国外犯処罰規定を新たに設けている。本条項に関して質問する」

そして、二番目の質問は以下のような内容だった。

「二　現行の自衛隊法第五十七条に定めるとおり、自衛隊員は上官の職務上の命令に忠実に従わなければならない。ゆえに、上官命令により、個々の自衛隊員がその意思に反して海外での武力行使を命ぜられ、人の生命を奪うような事態も生じるのではないか。海外での武力行使に先立って自衛隊員本人の意思の確認は行われるのか。また、行われるとした場合、どのような手続となるのか」

これに対する安倍首相の九月四日付の答弁書は、こう説明していた。

「二について

お尋ねの趣旨が必ずしも明らかではないが、一についてで述べたとおり、武力行使の目的を持って武装した部隊を他国の領土、領海、領空へ派遣するいわゆる『海外派兵』は、一般に、自衛のための必要最小限度を超えるものであって、憲法上許されないと考えている。また、新三要件を満たす場合に例外的に外国の領域において行う『武力の行使』については、ホルムズ海峡での機雷掃海のほかに、現時点で個別具体的な活動を念頭に置いていないが、掃海艦艇による機雷の掃海は、戦闘が現に継続しているような現場では、円滑に実施することは困難であり、掃海活動の現場で他国の部隊と戦闘状態に入るようなことは想定されない」

◎──「上の命令に従う」権威主義思考の行き着く先とは

藤末健三議員の質問は、海外に派遣された自衛隊員が、自分の意志に反する形で上官から非人道的な命令を受けた時、現地の市民を殺傷する事態が生じる可能性があるとの認識から、自衛隊員が「そのような命令に従うか否かの意思確認」は事前になされるのか、という疑問点についての説明を、首相に求めるものだった。

一読してわかる通り、特に専門知識を要する難解な日本語ではなく、中学生や高校生が読んでも意味を理解できる質問内容になっている。

しかし、安倍首相は「お尋ねの趣旨が必ずしも明らかではないが」と述べた上、質問内容とはまったく無関係な、つまり「自衛隊員が非人道的な命令に従うか否かの意思確認はなされるのか」という問題とは関係のない説明を長々として、話をはぐらかした。

安倍首相はなぜ、この趣旨が明瞭な質問について「お尋ねの趣旨が必ずしも明らかではないが」とはぐらかし、正面からの答弁を拒否したのか。

問題の核心に踏み込む質問に対して、安倍首相が迂闊に答弁せず、言質を与えない態度をとった事実は、そのような事態が現実に起こりうると彼自身が認識していることを示唆している。しかし、安倍首相がそれを国会審議で認めてしまえば、法案に対する国民の不信感や反発が湧き起こっていた可能性が高い。

また、この質問に正面から答えることは、自衛隊員の側に「上位者の命令に従うか否かを自分で判断する」という選択肢が存在する可能性を暗に認めることになる。だが、自衛隊を含め、日本の官僚組織は「上位者の命令への絶対服従」を行動原理として機能しており、そんな選択肢が存在する可能性は、日本では議論の俎上に載ることがない。

ドイツ軍人法や、憲法に相当するドイツ連邦共和国基本法（一九四九年五月二十三日成立）には、軍人の権利を保障することを明記した条項がある。現在のドイツでは、軍人もまた「制服を着た市民」であり、かつてのドイツ国防軍やSSのような「個人としての意志や権利を持たない軍隊組織の歯車の一つ」とは見なされていない。

ドイツ基本法の第一条は「人間の尊厳は不可侵である。これを尊重し、かつ保護することは、全ての国家権力の義務である」と謳っている。また、軍人法第六条には「兵士は、全ての他の市民と同等の権利を有する」と記されている。

軍人の持つ権利とは、非人道的な命令や、客観的に見て理不尽な命令、良心に反する命令には服従しないという権利も含まれる。

では、日本の自衛隊法はどうか。

自衛隊法には、服務規定をはじめ、隊員の義務に関する条項は大量に列挙されるが、隊員の権利に関する条文は存在せず、当然ながら「権利を侵害された場合の救済」に関する規定もない。そこでは、上官の命令は常に正当なものであるという、実際には「仮定」でしかない前提が、疑問を差し挟む余地のない権威として絶対視されている。

最高指揮官である総理大臣や、組織内の各階層で指揮をとる上位者が、かつての日本軍と同じように、非人道的な命令や、人間の尊厳を侵害する命令を下すかもしれないという可能性は、自衛隊においてはまったく想定されていない。自衛隊法は、上位者は常に無謬であり、間違った命令を部下に下すことはないという、かつての日本軍と同様の「上位者無謬神話」に基づいて策定されている。

言い換えれば、現在の自衛隊は、上位者の命令には絶対服従という盲目的な「命令至上主義」からの脱却を図るスタート地点にすら、いまだ立てていないのである。

上位者の命令に対する盲目的な服従は、人間から理性や良心、罪悪感を奪い取る心理的効果を生み出す。これは、軍事組織に限らず、他の官僚組織においても同様であり、国民全体の奉仕者である国家公務員は、上位者からの命令が違法行為や人間の尊厳を侵害する内容であるなら、それに服従しないという選択肢を自覚的に持たなくてはならない。

民間企業やその他の社会集団でも、社長や上司、チーム監督などの組織内の上位者が下す命令が、各種の法律や良心に反するものである場合には、独立した個人としてそれに従わないという選択肢を、下位者が常に自覚的に持ち続ける必要がある。

もし、理不尽な命令には服従しないという選択肢を自覚的に持たないなら、例えばホロコーストと同じような出来事が、今後も発生する可能性が残る。「自分は上位者の命令に従っただけだから責任はない」と弁明する、アイヒマンやヘースのような人間が、これからも平然と、非人道的行為や倫理規定から逸脱した行為を繰り返す可能性も否定できない。

われわれは結局、大勢の子どもが犠牲となったあの戦争から、何を学び取ったのか。軍による市民の大量殺害という、理不尽な出来事を将来において繰り返さないために、社会として何を考え、何をすべきなのか。その努力でベストを尽くしているか。

命と未来を戦争に奪われた大勢の子どもたちは、今もそれをわれわれに問うている。

主要参考文献

【第一章】

❖A・C・グレイリング（鈴木主税／浅岡政子共訳）『大空襲と原爆は本当に必要だったのか』河出書房新社　二〇〇七年

❖アントニー・ビーヴァー（根岸隆夫訳）『スペイン内戦（上・下）』みすず書房　二〇一一年

❖ウィリアムソン・マーレイ（手島尚訳）『ドイツ空軍全史』朝日ソノラマ　一九八八年

❖ゴードン・トマス、マックス・モーガン＝ウィッツ（古藤晃訳）『ゲルニカ　ドキュメント・ヒトラーに魅入られた町』TBSブリタニカ　一九八一年

❖ジョン・キレン（内藤一郎訳）『ドイツ空軍、全機発進せよ！』ハヤカワ文庫　一九八三年／一九八九年

❖ヒュー・トマス（都築忠七訳）『スペイン市民戦争（Ⅰ・Ⅱ）』みすず書房　一九六三年

❖前田哲男『戦略爆撃の思想　ゲルニカ・重慶・広島［新訂版］』凱風社　二〇〇六年

❖Carlos Caballero Jurado "The Condor Legion" Osprey　二〇〇六年

❖"El bombardeo de Guernica (Abril 1937)" Unidad Editorial S.A.　二〇〇五年

❖James S.Corum "Wolfram von Richthofen" University Press of Kansas　二〇〇八年

【第二章】

❖井口和起、木坂順一郎、下里正樹編『南京事件　京都師団関係資料集』青木書店　一九八九年

❖岡村俊彦「血と泥の野戦包帯所　第百一師団衛生隊　元軍医の手記」（『中国』一九七一年九月号）徳間書店　一九

七一年
❖岡本健三「杭州湾敵前上陸に参加して」（『中国』一九七一年八月号）徳間書店　一九七一年
❖『熊本兵団戦史　支那事変編』熊本日日新聞社　一九六五年
❖佐々木到一『ある軍人の自伝（増補版）』勁草書房　一九六七年
❖『続・現代史資料（6）軍事警察　憲兵と軍法会議』みすず書房　一九八二年／一九九六年
❖『南京戦史』偕行社　一九九二年〜九三年
❖『南京戦史資料集Ⅰ』偕行社　一九八九年／（増補改訂版）一九九三年
❖『南京戦史資料集Ⅱ』偕行社　一九九三年
❖秦郁彦『南京事件（増補版）』中公新書　二〇〇七年
❖樋貝義治『戦記　甲府連隊』サンケイ新聞社　一九七八年
❖藤原彰『南京事件をどうみるか　日・中・米研究者による検証』青木書店　一九九八年
❖藤原彰『南京の日本軍』大月書店　一九九七年
❖防衛庁防衛研修所戦史室『戦史叢書　支那事変陸軍作戦〈1〉』朝雲新聞社　一九七五年
❖藤原審爾『みんなが知っている』春陽堂　一九五七年
❖洞富雄編『日中戦争史資料8　南京事件Ⅰ』河出書房新社　一九七三年
❖洞富雄編『日中戦争史資料9　南京事件Ⅱ』河出書房新社　一九七三年
❖三好捷三『上海敵前上陸』図書出版社　一九七九年
❖吉田裕『天皇の軍隊と南京事件』青木書店　一九八五年

【第三章】

❖V・E・フランクル（霜山徳爾訳）『夜と霧　ドイツ強制収容所の体験記録』みすず書房　一九六一年／一九八六年
❖『アウシュヴィッツ収容所　所長ルドルフ・ヘスの告白遺録』サイマル出版会　一九七二年
❖石田勇治『ヒトラーとナチ・ドイツ』講談社現代新書　二〇一五年
❖ヴァンゼー会議記念館編著（山根徹也、清水雅大訳）『資料を見て考えるホロコーストの歴史　ヴァンゼー会議とナチス・ドイツのユダヤ人絶滅政策』春風社　二〇一五年
❖ウォルター・ラカー（井上茂子、木畑和子、芝健介、長田浩彰、永岑三千輝、原田一美、望田幸男訳）『ホロコースト大事典』柏書房　二〇〇三年
❖グイド・クノップ（高木玲、藤島淳一訳）『ホロコースト全証言　ナチ虐殺戦の全体像』原書房　二〇〇四年
❖栗原優『ナチズムとユダヤ人絶滅政策　ホロコーストの起源と実態』ミネルヴァ書房　一九九七年／一九九九年
❖芝健介『ホロコースト』中公新書　二〇〇八年／二〇一七年
❖内藤陽介『アウシュヴィッツの手紙』えにし書房　二〇一五年
❖中谷剛『アウシュヴィッツ博物館案内（新訂増補版）』凱風社　二〇一二年
❖永岑三千輝『ホロコーストの力学』青木書店　二〇〇三年
❖タデウス・シマンスキ（永井清彦編）『恐怖のアウシュヴィッツ　――生き証人は語る』岩波ブックレット　一九八七年
❖ベンジャミン・B・フェレンツ（住岡良明、凱風社編集部共訳）『奴隷以下』凱風社　一九九三年
❖マイケル・R・マラス（長田浩彰訳）『ホロコースト　歴史的考察』時事通信社　一九九六年
❖マイケル・ベーレンバウム（石川順子、高橋宏訳、芝健介監修）『ホロコースト全史』創元社　一九九六年／一九九八年

❖ラウル・ヒルバーグ（望田幸男、原田一美、井上茂子訳）『ヨーロッパ・ユダヤ人の絶滅（上・下）』柏書房　一九九七年／二〇一二年
❖ルーシー・S・ダビドビッチ（大谷堅志郎訳）『ユダヤ人はなぜ殺されたか（第1部・第2部）』サイマル出版会　一九七八年
❖レオン・ゴールデンソーン（ロバート・ジェラトリー編、小林等、高橋早苗、浅岡政子訳）『ニュルンベルク・インタビュー（上・下）』河出書房新社　二〇〇五年
❖ロニー・ブローマン、エイアル・シヴァン（高橋哲哉・堀潤之訳）『不服従を讃えて――「スペシャリスト」アイヒマンと現代』産業図書　二〇〇〇年

【第四章】

❖A・J・バーカー（鳥山浩訳）『〝マレーの虎〟山下奉文　栄光のシンガポール攻略戦』サンケイ出版　一九七六年
❖朝日新聞テーマ談話室編『戦争　体験者の貴重な証言1』朝日文庫　一九九〇年
❖石田甚太郎『ワラン・ヒヤ　日本軍によるフィリピン住民虐殺の記録』現代書館　一九九〇年
❖川村悦郎『神軍の虐殺　占領下フィリピンで何が起きたのか』徳間書店　一九九一年
❖許雲樵、蔡史君編（田中宏、福永平和訳）『日本軍占領下のシンガポール　華人虐殺事件の証明』青木書店　一九八六年
❖篠崎護『シンガポール占領秘録』原書房　一九七六年
❖シンガポール市政会編『昭南特別市史――戦時中のシンガポール』社団法人日本シンガポール協会　一九八六年
❖シンガポール・ヘリテージ・ソサエティ編、リー・ギョク・ボイ著（越田稜監訳）『日本のシンガポール占領

証言＝「昭南島」の三年半』凱風社　二〇〇七年
❖戸川幸夫『昭南島物語（上）』読売新聞社　一九九〇年
❖友清高志『狂気　ルソン住民虐殺の真相』徳間書店　一九八三年
❖中島正人『謀殺の航跡　シンガポール華僑虐殺事件』講談社　一九八五年
❖林博史『華僑虐殺　日本軍支配下のマレー半島』すずさわ書店　一九九二年
❖林博史『シンガポール華僑粛清　日本軍はシンガポールで何をしたのか』高文研　二〇〇七年
❖総山孝雄『南海のあけぼの』叢文社　一九八三年
❖防衛庁防衛研修所戦史室『戦史叢書　北支の治安戦〈1〉』朝雲新聞社　一九六八年
❖防衛庁防衛研修所戦史室『戦史叢書　マレー進攻作戦』朝雲新聞社　一九六六年／一九六七年
❖リー・クアンユー（小牧利寿訳）『リー・クアンユー回顧録（上）』日本経済新聞社　二〇〇〇年
❖Ralph Modder "The Singapore Chinese Massacre" Horizon Books　二〇〇四年

【第五章】

❖ジョン・ブラッドレー（加藤俊平訳）『大虐殺　リディツェ村の惨劇』サンケイ出版　一九七三年／一九七八年
❖ロベルト・ゲルヴァルト（宮下嶺夫訳）『ヒトラーの絞首人ハイドリヒ』白水社　二〇一六年
❖ローラン・ビネ（高橋啓訳）『ＨＨｈＨ　プラハ、１９４２年』東京創元社　二〇一三年
❖Callum MacDonald "The Killing of SS Obergruppenfuehrer Reinhard Heydrich" The Free Press　一九八九年
❖John Martin "The Mirror Caught the Sun: Operation Anthropoid 1942" John Martin Limited　二〇〇九年

【第六章】

❖池間一武『沖縄の戦世――県民は如何にしてスパイになりしか』琉球プロジェクト　二〇一七年
❖上江洲トシ『久米島女教師』繭の会　一九九五年
❖浦崎純『沖縄かく戦えり　二十万戦没者の慟哭』徳間書店　一九六七年
❖大城将保『改訂版　沖縄戦』高文研　一九八五年／一九九一年
❖大田昌秀『沖縄　戦争と平和』朝日文庫　一九九六年／一九九九年
❖大田昌秀『久米島の「沖縄戦」』沖縄国際平和研究所　二〇一六年
❖沖縄県教育庁文化財課史料編集班『沖縄県史　各論編　第六巻　沖縄戦』沖縄県教育委員会　二〇一七年
❖国頭村史『くんじゃん』編さん委員会『くんじゃん――国頭村近現代のあゆみ』国頭村役場　二〇一六年
❖榊原昭二『沖縄・八十四日の戦い』新潮社　一九八三年
❖佐木隆三『証言記録　沖縄住民虐殺』新人物往来社　一九七六年／一九八七年
❖渡久山朝章『南の巌の果まで　沖縄学徒兵の記』文教図書　一九七八年
❖那覇市企画部市史編集室『那覇市史　資料篇　第2巻中の6』那覇市役所　一九七四年
❖那覇市企画部市史編集室『沖縄の慟哭　市民の戦時・戦後体験記1（戦時編）』那覇市企画部市史編集室　一九八一年
❖『ひめゆり平和記念資料館　ガイドブック』財団法人沖縄県女師・一高女ひめゆり同窓会　二〇〇四年／二〇一〇年
❖林博史『沖縄戦と民衆』大月書店　二〇〇一年／二〇〇二年
❖林博史『沖縄戦　強制された「集団自決」』吉川弘文館　二〇〇九年
❖藤原彰編著『沖縄戦と天皇制』立風書房　一九八七年

❖藤原彰編著『新装版　沖縄戦　国土が戦場になったとき』青木書店　二〇〇一年／二〇〇三年

【第七章】

❖F・ニーベル、C・ベイリーⅡ（笹川正博、杉渕玲子共訳）『もはや高地なし　ヒロシマ原爆　投下の秘密』光文社　一九六〇年
❖J・サミュエル・ウォーカー（林義勝監訳）『原爆投下とトルーマン』彩流社　二〇〇八年
❖NHK取材班『アメリカの中の原爆論争』ダイヤモンド社　一九九六年
❖NHKスペシャル取材班『原爆死の真実　きのこ雲の下で起きていたこと』岩波書店　二〇一七年
❖NHK広島「核・平和」プロジェクト『原爆投下・10秒の衝撃』NHK出版　一九九九年／二〇〇五年
❖S・A・ハウトスミット（山崎和夫、小沼通二共訳）『ナチと原爆　アルソス：科学情報調査団の報告』海鳴社　一九七七年
❖小河原正己『ヒロシマはどう記録されたか（上・下）』朝日文庫　二〇一四年
❖小路敏彦『長崎医科大学壊滅の日』丸ノ内出版　一九九五年
❖木村朗、ピーター・カズニック共著（乗松聡子訳）『広島・長崎への原爆投下再考　日米の視点』法律文化社　二〇一〇年
❖ゴードン・トマス、マックス・モーガン＝ウィッツ（松田銑訳）『エノラ・ゲイ――ドキュメント・原爆投下』TBSブリタニカ　一九八〇年
❖ステファーヌ・グルーエフ（中村誠太郎訳）『マンハッタン計画　原爆開発グループの記録』早川書房　一九六七年
❖チャールズ・W・スウィーニー（黒田剛訳）『私はヒロシマ、ナガサキに原爆を投下した』原書房　二〇〇〇年
❖マイケル・D・ゴーディン（林義勝、藤田怜史、武井望共訳）『原爆投下とアメリカ人の核認識』彩流社　二〇一

三年
❖マーティン・J・シャーウィン(加藤幹雄訳)『破滅への道程　原爆と第二次世界大戦』TBSブリタニカ　一九七八年
❖山崎正勝、日野川静枝編著『原爆はこうして開発された』青木書店　一九九〇年／一九九四年
❖山田康博『原爆投下をめぐるアメリカ政治』法律文化社　二〇一七年
❖レスリー・R・グローブス(冨永謙吾、実松譲共訳)『原爆はこうしてつくられた』恒文社　一九六四年／一九七九年
❖ロナルド・タカキ(山岡洋一訳)『アメリカはなぜ日本に原爆を投下したのか』草思社　一九九五年
❖『忘れえぬ日　長崎医科大学被爆50周年記念誌』長崎大学医学部原爆復興五十周年医学同窓記念事業会　一九九五年

【最終章】

❖石村善治「ドイツにおける兵士の権利と軍事オンブズマン」『長崎県立大学論集　第39巻第4号』長崎県立大学　二〇〇六年
❖松浦一夫「軍人の良心と言論の自由に関する覚書――2003年イラク戦争とドイツ軍人による2つの事案」『日本法学　第八十二巻第三号』日本大学法学部　二〇一六年
❖山崎雅弘『[新版]独ソ戦史』朝日文庫　二〇一六年
❖山崎雅弘『ドイツ軍名将列伝』学研M文庫　二〇〇九年
❖外務省公式サイト　https://www.mofa.go.jp/mofaj/
❖参議院公式サイト　http://www.sangiin.go.jp/

あとがき

本書の企画案を最初に担当編集者の安藤聡さんに提案したのは、三年前の二〇一六年八月二十八日のことだった。

ゲルニカやアウシュヴィッツ、南京、広島、長崎などの地名は、第二次世界大戦（本書ではスペイン内戦と日中戦争も含む）の最中に大勢の市民が命を落とした場所として、歴史に深く刻み込まれている。

だが、多くの場合、市民が命を落とす惨状に関心の大部分が向けられ、それがいかに悲惨で理不尽で無慈悲な暴挙であったかという「結論」が声高に語られる一方で、「原因」、つまり市民の命を奪った軍事組織側の「内在的論理」に光が当たることは少ないように思えた。

こうした悲劇の再発を本当に避けたいと思うなら、個々の出来事を引き起こした原因である軍事組織側の「論理」あるいは組織内で共有される「合理性」に着目する必要があるのではないか。そんな考えから、本書の構想が生まれたのである。

その後、資料収集と現地取材などを重ねながら、各章の執筆に取りかかったが、その作業は予想外に難航した。個々の章で扱う出来事は、いずれも一冊の本で書くに価する重要性を持ち、一冊の七分の一という紙幅で記述するには、注意深く要点の絞り込みを行う必要があったこと。

各章の題材を深く調べるほどに、さらに光を当てるべき新たな側面が見つかったこと。そして、大勢の子どもが理不尽に殺されるという陰鬱な主題が、巨大な鉛の塊のように私の心を圧迫したことも、本書の執筆作業を遅らせる原因となった。

だがそれでも、執筆を途中で放棄しようと思わなかったのは、リディツェで見た子どもたちの像（表紙写真）が、頭からずっと離れなかったからである。私が同地を訪問した時はちょうど雨上がりで、雲の間から青空が見えていたが、台座に並ぶ子どもたちの頬には涙のような水の筋が見えた。沈黙の中で、何かを訴えているとしか思えなかった。

本書では、いまだ議論の的となっている出来事にも光を当てて検証の対象とした。南京とそこに至る進撃過程での日本軍による中国人市民の大量殺害については、当事者である日本軍人が書き残した記録を第二章で紹介したが、日中戦争当時の中国にいた日本人市民の中にも、そこで自分が見聞きした事実に基づいて日本軍の非人道的行為に義憤の感情を抱き、これを批判する言葉を同時代人として書き記す人間があちこちに存在した。

福岡箱崎宮（神社）の宮司の家系で、自らも神道家として活動し、戦後の神社界にも大きな影響力を有していた葦津珍彦《あしづうずひこ》もその一人だった。葦津珍彦は、一九三七年の暮れに上海方面へと赴き、現地での経験を基に一九三八年一月に「視察報告紀　上海戦線より帰りて」という原稿を著し、戦後（一九六七年）に私家版のパンフレットに収録した。

その冒頭は「今や中支（上海から南京に至る地域の呼称）全戦線は、日本軍に依って荒廃に帰して終った。総ての財物は略奪せられ、総ての婦女子は辱められた」という、日本軍の蛮行を糾弾する言葉で始まっていたが、それに続く記述は次のようなものだった。

「激戦の後に一つの町が占領せられる。民家に兵が突入して来る。『女はいないか』と血走った眼が銃剣をつきつける。恐れ戦きつつも、愛する者のために、男は『いない』と答へる。兵は二三発の弾丸を放つ。弾声に驚いて女の悲鳴が聞える。兵は男を殺して女を辱める。かくて数千の夫や親や兄が殺され、かくて数万の女が辱められたのである」（久保田文次編『萱野長知・孫文関係史料集』高知市民図書館、２００１、３５０頁）

葦津はまた、日本軍が行く先々で略奪を行い、徴発で代金を払う際にも「五十円、六十円の牛に僅に三百万分ノ一（二銭）」という不当な対価であったことを報告しているが、これらは本書の第二章で紹介した、日本軍人の日記や手記の記述とぴったり一致する。

現在の日本では、日本軍による中国人市民の虐殺やナチスドイツの行ったユダヤ人大量虐殺について「なかった」と否認する言説が一部で流布されているが、本書で詳しく紹介した通り、その実在を裏付ける証拠や実証的研究の成果は数多く存在している。特定の政治思想への傾倒でそのような言説を流布する行為は、国や社会の針路を狂わせる。

最終章で触れたドイツの「抗命権」の問題については、ドイツ人のマライ・メントラインさんから資料のご提供とアドバイスを受けた。本書の記述内容の責任はすべて著者である私にあるが、有益な情報と助言をいただいたマライさんに深く感謝いたします。

また、当初の予定より大幅に脱稿が遅れたにもかかわらず、ゴールまで伴走してくださった安藤聡さんをはじめ、本書の編集、校閲、制作および販売に携わって下さったすべての方々に、心からお礼を申し上げます。

そして、本書を執筆するに当たり参考にさせていただいたすべての書物や記事の著者・編者・訳者の方々にも、敬意と共にお礼を申し上げます。

二〇一九年五月十五日

山崎雅弘

［著者について］ **山崎雅弘**（やまざき・まさひろ）

1967年大阪府生まれ。戦史・紛争史研究家。軍事面だけでなく、政治や民族、文化、宗教など、様々な角度から過去の戦争や紛争に光を当て、俯瞰的に分析・概説する記事を、1999年より雑誌『歴史群像』（学研）で連載中。また、同様の手法で現代日本の政治問題を分析する原稿を、新聞、雑誌、ネット媒体に寄稿。主な著書に『日本会議――戦前回帰への情念』『「天皇機関説」事件』『歴史戦と思想戦――歴史問題の読み解き方』（すべて集英社新書）、『1937年の日本人』（朝日新聞出版）、『[増補版]戦前回帰――「大日本病」の再発』『[新版]中東戦争全史』（朝日文庫）ほか多数。ツイッターアカウントは、@mas__yamazaki

沈黙《ちんもく》の子《こ》どもたち　軍はなぜ市民を大量殺害したか

2019年6月25日　初版

著者　山崎雅弘

発行者　株式会社晶文社

〒101-0051
東京都千代田区神田神保町1-11
電話　03-3518-4940（代表）・4942（編集）
URL http://www.shobunsha.co.jp

印刷・製本　中央精版印刷株式会社

ISBN978-4-7949-7092-3 Printed in Japan